日本第一腦醫學專家

心智科學教養法

16万人の脳画像を見てきた脳医学者が教える
「賢い子」に育てる究極のコツ

解讀16萬MRI腦影像，
掌握大腦發育關鍵從圖像思考力開始！

瀧靖之——著 藍嘉楹——譯

前言

有些孩子即使沒有接受特別的教育，也能靠著自己的能力不斷學習。這樣的孩子不單只是聰明「會讀書」，而且富有想像力。他們的個性率真、努力，一步一腳印地朝著自己的目標確實邁進。

他們也擅長交朋友，每天都過得很開心。

放眼他們的未來，這樣的孩子在就業時，通常能順利進入自己理想中的企業和公司，盡情發揮所長，大放異彩。

身為腦部專家的我，之所以決定提筆撰寫這本育兒書，原因在於根據目前最新的心智科學研究，我已經逐漸掌握「如何讓孩子不斷發展茁壯的條件」。

我所隸屬的日本東北大學高齡醫學研究所，是日本國內唯一儲存大量ＭＲＩ影像的機構。MRI意即核磁共振，是一種可提供三度空間影像的裝置，讓醫師可透過影像診斷。

接受MRI對象的年齡層很廣，從五歲的幼童至八十歲以上的高齡者都有。我們累積的數據高達十六萬件。小朋友的MRI數據尤其珍貴，放眼全世界，找不出第二間擁有如此巨大的數據量的機構。

我們的工作就是從這些大數據釐清「有什麼樣生活習慣的人，罹患哪些疾病的機率特別高」，還有「什麼樣的人不容易罹患失智症」等等。

另外，透過這樣的研究我們最近有了新的發現，也就是「用什麼樣的方式教出來的孩子會變得聰明」。

除了腦影像，在持續累積成績、IQ、遺傳、環境和生活習慣等各方面的資訊後，我們終於能夠從腦影像解讀「聰明程度」和「頭腦好壞」。

本書所要傳達的，並非僅靠幾件案例的數據和感覺所得到的結論，而是以龐大的腦影像為本，為了讓各位能教養出「聰明孩子」的實用書籍。

不論是什麼樣的孩子，從幾歲開始都沒關係，只要父母付諸行動，就能把他教養成聰

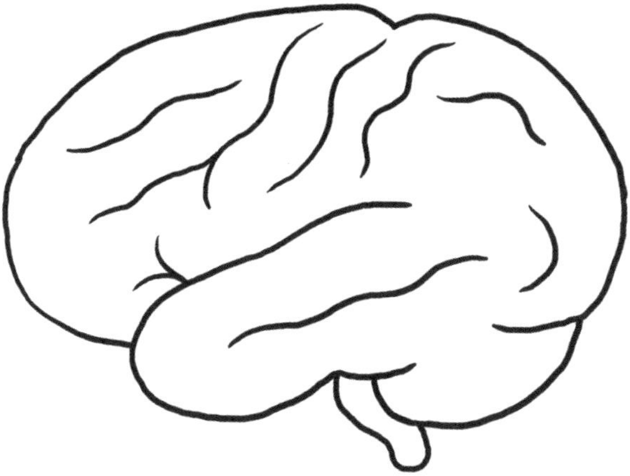

★建構於 16 萬人腦影像的研究成果

- 提升腦部程度讓孩子變得聰明
- 腦部的成長機制
- 如何讓孩子的才能得以施展
- 父母如何有效的助孩子一臂之力
- 能夠不斷吸收知識的學習方法
- 維持健康的生活習慣

這些方法，本書通通都會告訴你！

腦部影像可以告訴我們「很多事情」

明的孩子。

我自己也有個快要四歲的兒子。看到四年來他以驚人的速度成長、茁壯，讓我驚覺到原來孩子蘊藏著「不得了的才能」。把孩子的發展與從我自己的研究所得到的事實對照，讓我心服口服的情況竟也不在少數。

另外，在育兒的過程中，我很清楚感受到有時候「明知這麼做比較好」，卻因為忙於工作，或者孩子沒有照做，所以實際的結果會出現落差。本書以這個發現為前提，也會為各位家長介紹我本身與孩子相處時，特別注意的重點。如果也適用於各位的孩子，我會感到很欣慰。

「讓孩子變聰明」真的有秘訣嗎？

答案是有的，詳情我會在本文仔細介紹，但簡單來說，讓孩子變得聰明的秘訣在於

「好奇心」。

「好奇心」幾乎是每個孩子與生俱來的特質。可惜的是，不少家庭都沒有讓孩子天生的「好奇心」能夠充分發揮。

激發孩子的「好奇心」需要訣竅。只要掌握訣竅，孩子的成長將會超乎父母的想像。

關於如何發展孩子的好奇心，使腦部不斷發育成長的訣竅，本書將就以下三個方面介紹。

- 使用三個秘密法寶培養好奇心的方法
- 配合孩子腦部成長（年齡）的訓練方法
- 培育健全腦部的生活習慣

其中我也會提到「當孩子發問時，父母不必回答得太過仔細」。我相信好奇心不斷發展的孩子，應該會常常向父母提出一些大人也答不出來的困難問題吧。不過，採取這種作法，讓孩子自己去思考、尋找答案，也有助激發孩子的好奇心。

另外，除了「好奇心」，本書也會提到腦部研究已證實的「如何提升背誦科目的學習效率」和「腦部成長和遺傳方面的資訊」。

只要了解遺傳的影響和腦部特質，「應考的學習方式」和「實現將來夢想的方法」也會跟著改變。總之，我相信孩子的前途一定會變得更加光明。

為什麼採用心智科學教養法，學力會自然提升？

孩子是國家未來的主人翁，重要性不言而喻。

看到孩子每天都過得神采奕奕，又能活出自己的一片天，父母自然覺得很欣慰。實現自我和夢想，目前被視為是一種奢求，但我希望各位能對此改觀，親身體驗到實現自我和理想不再是夢。

學歷並非一個人的本質。人若一味追求學歷，終究會陷入死胡同，最重要的是，一再勉強毫無「求知」「想學」之心的孩子念書，只是徒增他的痛苦。

不過，學歷可以增加職業的選擇性是不爭的事實。一張漂亮的文憑，可以讓孩子有更多機會從事自己理想的職業。應該也更有可能進入自己理想的公司。「學歷」是實現夢想的工具。擁有「好奇心」的孩子，自然容易和「學歷」結合。

另外，根據最新的腦部研究，也證實了從小「是否擁有好奇心」，會改變一輩子的「腦部健康」。

腦部的健康與否，關係到的不僅是「會不會唸書」和「工作上能不能全力以赴」，更會造成「腦部老化的速度快慢與否」「是否會得到失智症」的差異，可謂影響甚鉅。

本書並非基於我個人的經驗與主觀，而是以腦醫學「心智科學」為根據的實用手冊。

如果本書能略盡棉薄之力，稍微減輕各位的負擔，身為腦醫學研究人員，同時為人父的我，將感到無比的欣慰與榮幸。

日本東北大學高齡醫學研究所
瀧靖之

目錄

2章 「三個秘密法寶」培養好奇心，孩子愈來愈聰明

4章 父母必修課！讓孩子擁有「聰明頭腦」和「健全身心」

5章 自動提升成長速度，最該養成的生活習慣

第 1 章

好奇心是培育腦部的最佳營養

愛因斯坦說：「我沒有什麼特殊天賦，只是擁有熱切的好奇心。」

擠進名校的大學生們，小時候每個人手裡都有「哪一本書」？

「進步的孩子」與「沒有進步的孩子」兩者最顯著的差異

花同樣的時間唸書，有些孩子的成績不斷突飛猛進，有些孩子卻遲遲不見起色。

同樣在小學時期課業表現優異的孩子，有些在進入國中之後，表現依然出色，有些則應驗了「小時了了」這句話，表現差強人意。

有些在小學時期成績平平的孩子，上了國中之後開始大放異彩，但也有些孩子的表現依然沒有起色。

這些孩子究竟是哪裡不一樣呢。

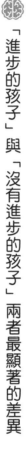

早在我開始研究腦部之前，就很想解決心中的疑惑。等到我上大學，我立刻想辦法開始「調查」。我詢問我的同學們「你小時候喜歡做什麼事？」「你小時候都在做什麼？」

詢問過許多同學之後，我發現了一個共通點。

那就是「成績很好的同學，從小就很喜歡看圖鑑，只要一有空就看」。

每個人看的圖鑑種類都不一樣，內容包羅萬象，例如花卉、植物、動物、鳥類、昆蟲、交通工具、宇宙……。不過，大多數的同學都說自己從還不識得幾個大字的時候就開始看圖鑑了。

那麼，我們是不是也該如法炮製，買圖鑑給孩子就對了呢？

當然不是。我必須澄清一點的是，即使是常看圖鑑的孩子，有些人的成績也僅是差強人意。所以，真正的差異到底是什麼呢。

做到這件事，啟動孩子的天賦能力

為什麼一樣是常看圖鑑的孩子，有些成績出色，有些則表現普通呢？這個疑問，我正式投入腦部研究的過程中，終於得到了明確的解答。

那時，我在某個附屬於大型教育機構的研究部門擔任副教授。我們這個部門，有好幾位同事號稱「超級名師」，能夠讓孩子的成績突飛猛進。於是我試著向這幾位名師提出我從學生時代就抱持的疑問。

「為什麼花一樣的時間唸書，有些孩子的成績會不斷進步，有些卻是原地踏步？」

「小學的時候成績很好，進了國中以後卻表現平平，你覺得原因是什麼呢？」

這幾位老師都以現在進行式持續接觸「進步的孩子」和「沒有進步的孩子」，他們異

孩子的成績進步與否，差異在於圖鑑！

口同聲的表示原因在於「父母所扮演的角色」。

不過，孩子成績不斷進步的父母，並不是總是記掛「快去唸書」這句話。他們所做的是「利用圖鑑等工具，發展孩子的好奇心」。

具體的方法我會在第2章詳細介紹，簡單來說，父母所扮演的角色，是要替孩子將閱讀圖鑑所得到的「虛擬知識」和現實世界的「真實體驗」得以結合。

如果孩子透過交通工具圖鑑對火車產生興趣，父母就帶著孩子到車站，讓他看到實物。

在公園看到花的時候，就翻開圖鑑找到那種花的介紹。

透過這樣的方式讓孩子的「虛擬知識」與「真實體驗」結合，不但可以提高孩子的求知慾，也能從「得到知識」這件事體驗純粹的喜悅和樂趣。這點會化為強烈的刺激，成為提供腦部成長的養分。

我自己有一個三歲的兒子，就我的觀察，他現在正處於因為「吸收新知」而感到非常快樂的階段。因為從圖鑑獲得的資訊不斷和日常生活結合，讓他的「世界」每天都變得多采多姿。

距今一萬年前的地球，棲息著什麼樣的生物呢？

植物是如何產生種子的呢？

……對我們成人而言，必須拼命努力才學得起來的知識，孩子卻有如海綿吸水，毫不費力地照單全收。在成長至某個階段之前，其實每個孩子都具備這樣的吸收能力。父母能夠做到「讓虛擬與現實結合」這一點，等於是啟動孩子天賦能力的開關。

為什麼好奇心可有效提升孩子的學力？

關於「好奇心」，我本身也曾經歷過極具衝擊性的體驗。

那時我還在唸幼稚園，有一次到親戚家玩。當時表哥已經是高中生，用家裡一台小小的天文望遠鏡，讓我看到了「土星」。

從望遠鏡望過去，我看到了「土星環」。之前只有在圖鑑看到的東西，居然就這樣出現在我眼前。

我看得目不轉睛，久久都不肯離開望遠鏡，因為我不敢相信「這個東西竟然會漂浮在宇宙！」更沒想過「我可以親眼看到它！」

從此之後，我對天文愈來愈有興趣；等到我進入國中，老師在課堂上講解的天文課程，我幾乎老早就知道了。

這樣的結果讓我對上課充滿期待與樂趣。我毫無困難的吸收新知，也不再意識到自己努力學習是為了考試的分數。

讓孩子樂在學習。

即使待在書桌前唸書的時間不長，考試依然得高分。

在學校學習的知識，能夠在生活中實踐。

所謂的好奇心，就是足以改變孩子的巨大力量。

圖鑑可以刺激和活化腦部

從圖鑑開始的家庭學習，會對孩子帶來什麼樣的影響？接下來讓我們一起從腦部的構造探究吧。

閱讀圖鑑時，腦部的「顳葉」和「額葉」等稱為語言區的部分會得到活化。再加上圖鑑一定附帶許多圖畫（照片或插圖），所以除了語言區，還有好幾個腦部區域，包括圖形認知和空間認知區，也同樣得到活化。

單就刺激腦部的層面而言，我相信各位都能夠了解「圖鑑對孩子的腦部有益」的理由。

再加上實際的體驗，孩子的腦部會受到更多的刺激。

舉例而言，假設有個非常喜歡動物的小女孩養了一隻貓。她在撫摸貓咪的過程，觸覺會受到刺激。大腦掌管觸覺的部分是「頂葉」。

另外，能夠分辨出各種貓叫聲，例如「正在撒嬌」「肚子餓了想吃飯」等，可以刺激聽覺。掌管聽覺的是大腦「顳葉」，位置和語言區相近。

能夠感覺到動物的氣味，是嗅覺發揮作用。以腦部而言，相當於「大腦邊緣系統的嗅覺區」。

除此之外，與動物的互動當中所獲得的快樂和滿足，能夠擴進而擴大受刺激腦部的範圍。

如同上述，這類實際體驗不僅刺激視覺，還能同時廣泛刺激聽覺、觸覺、嗅覺。因此，為了全面刺激孩子的腦部，是絕對不可欠缺的必要條件。

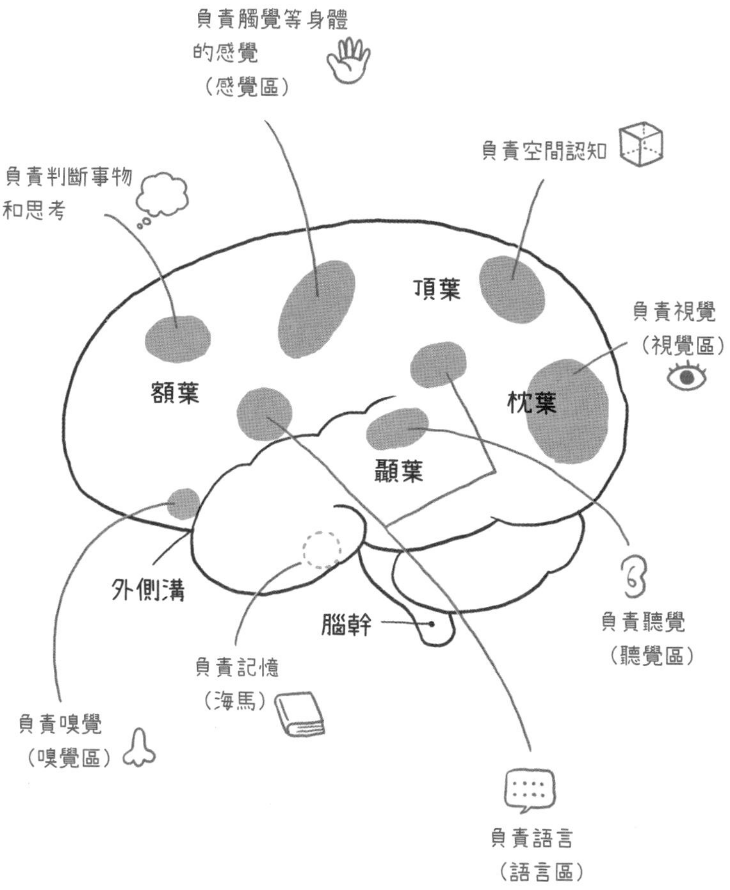

「圖鑑+實際體驗」可以擴大刺激腦部的範圍

「自動自發的孩子」所具備的共通點

孩子腦中的疑惑和問題，會隨著實際體驗的增加而不斷累積。

「這個是什麼？」

「為什麼會這樣？」

「怎麼會這樣呢？」

相信大家都知道，孩子長到三、四歲以後，就會表現出強烈的好奇心，動不動就發問「這個是什麼？」「為什麼？」

請各位家長不要把這種「愛問為什麼」的行為當作過渡時期的現象，請鼓勵孩子，讓他養成隨時對萬物保持疑問的習慣。

「即使只會持續一段時間，要我一一應付孩子的『為什麼？』還是很累人，如果讓他養成習慣那還得了！」

請父母不必擔心上述這個問題，因為沒有必要。

一開始，爸爸或媽媽可能是孩子發問的唯一對象，這時，請家長拿出圖鑑，讓孩子養成「自己調查」的習慣。只要能引起孩子強烈的好奇心，我相信要讓他產生「就算得自己找答案也想知道」的想法並不困難。

孩子正值好奇心旺盛時，他所提出來的問題，很容易讓父母答不出來。所以，父母刻意不給他答案，對孩子是非常好的事情。

父母為孩子培養的「好奇心」，不久之後會化為動機和競爭心，相信會成為他們受用一輩子的珍貴資產。

孩子的「成長空間」在五歲前就定終身!?

從「接觸圖鑑」的時候開始，讓孩子的好奇心發揮到最大值

簡單來說，透過本書我最想表達的重點是「好奇心的威力無窮」，所以及早讓孩子養成充滿好奇的性格，是父母的當務之急。

說到適合讓孩子看圖鑑的年齡，我覺得再晚也不能超過三、四歲。不論男孩或女孩都一樣。

我之所以這麼說，理由在於人類的「腦部機制」。

大部分的孩子長到三、四歲，差不多開始會主動判斷「喜歡和討厭的事物」。

等到這個年紀才讓孩子接觸圖鑑，或許他們的反應會是「我討厭圖鑑」「我討厭花」。

相反的，面對近在身邊的事物，孩子會很自然的決定「喜歡」。最簡單易懂的例子就是「青梅竹馬」。

大家不覺得長到一定年紀後才結交的朋友，都有幾分「志同道合」的感覺嗎？因為遇到和自己有些共同點的人，我們會覺得有親切感。

不過，青梅竹馬就不一樣了。因為「個性明明南轅北轍，彼此卻成為莫逆之交」的情況很常見。

即使個性完全不同，相處起來卻能夠親密無間。原因在於，在決定自己「喜歡或討厭」對方或「個性合不合得來」之前，雙方已經相處了一段時間。

孩子和圖鑑的關係也是如此。在孩子自己判斷「有不有趣」之前，如果已經很習慣圖鑑的存在，「喜歡上圖鑑」的機率就高了。

因此，為了儘量提高孩子的好奇心，把握三、四歲之前的黃金期非常重要。

不過，即使超過三、四歲，家長也不要氣餒。本書的68頁將會為各位介紹如何讓五歲以上的小朋友，對圖鑑產生興趣的方法。

何謂腦部成長的「黃金期」？

我會呼籲各位家長要趁早培養孩子的好奇心，還基於另一項理由。

人類腦部由腦神經細胞組織成網路，負責傳達情報。當腦神經細胞能極有效率的連結成網路，並迅速準確的傳遞訊息，這樣的狀態便稱為「頭腦好」「記憶力強」。

有關腦部成長的詳情請各位參閱第3章，這裡只用「道路」做個簡單的比喻，為各位說明腦部的網路。

小嬰兒出生後，腦部的道路建設（大腦神經元網路連結）會不斷進行，而網路連結的方式具有固定的模式。

包括三個階段：

①一開始要儘量建設許多道路，愈多愈好。

②實際運用看看。

③不斷消除不用的道路。

根據美國華盛頓大學派翠西亞．卡爾教授的研究，出生六至八個月之前的嬰兒，不論父母的國籍為何，都能夠分辨自己生長國家的語言。

為了提升語言能力，腦部在①階段會建設更多網路，讓嬰兒可以捕捉到周圍人們的說話聲。

不僅限於掌握聲音的能力，其他能力的成長機制也如出一轍。

不論出生在什麼樣的環境，人類都可以適應所處的環境，生存下去。

「聽力」在出生後不斷成長

拜這樣的機制所賜，嬰兒能夠吸收自己所見、所聞和接觸的事物，化為自己的知識和經驗。

為什麼「從小擁有」好奇心會如此重要

大人如果和一、二歲的小孩子出去散步，有可能花了很多時間卻前進不了幾步。原因是孩子常常會蹲下來抓著什麼小東西，一臉興奮地向大人「獻寶」，大喊「是石頭耶！」好不容易走了兩步路，孩子又撿起落葉大叫「葉子」，然後遞給大人。

不僅如此，只要孩子在半路上看到水窪，腳一定要踏進去踩一踩才甘願；如果看到階梯，一定要爬上去看看有什麼。

腦部的網路不斷拓展延伸的孩子，對各種事物都會產生好奇心。

過了一段時間之後，當腦部網路形成「經常使用的道路」和「不使用的道路」時，就會進入第③階段，不斷破壞「不使用的道路」。

拆除「不使用的道路」，可以讓大腦網路的管理變得輕鬆（即，提升使用腦部的效率）。相反的，這也意味著原本通往孩子不感興趣事物的路線，逐漸減少了。

大家想想看，剛出生的小嬰兒，不管是哪一國的語言都聽得懂，但以日本人而言，有那麼多人在學習英文的路上跌跌撞撞，我想或許是受到開始學習英文的時間點所影響。因為，在持續學習英文的道路建設好之前，很多人可能已經不接觸英文了。

換句話說，只要在①和②階段對英文稍微產生一點好奇心，學習英文之路應該可以走得更順遂。為了不要讓孩子錯過能夠提高能力的黃金期，趁早培養好奇心非常重要。

不過，實際上在①和③階段，腦部的每個區域（能力的種類）的成長進度各有不同。並不是所有的能力都能夠一鼓作氣的趕在「臨界時期」到來之前提升。舉例而言，目前已知八～十歲是學習英文的巔峰期，而音樂和運動的發展期則是更早。

每種能力的①～③階段各發生在什麼時候，我將在第3章介紹。

另外，即使道路隨著③階段告一段落而關閉，只要繼續努力就能夠使道路再次暢通。所以即使年紀超過也不需要就此放棄。

好奇心旺盛的孩子，自然長得優秀又聰慧

「會唸書的孩子」和「聰明的孩子」，腦部有何不同？

看到這裡，我想一定有讀者覺得納悶「成績好壞和頭腦聰明與否是兩回事吧？」當然，從腦部的觀點來看，「成績好的孩子」和「聰明的孩子」並不能直接畫上等號。

不過我認為兩者絕對不是毫無關係。

不如說從腦部看到的本質，正是「聰明的孩子會得到好成績」。

我認為，如果只想單純培養出「成績好的孩子」「用功讀書的孩子」，並不是太困難的事。因為只要從小送到補習班，再找個高明的家教，成績應該能達到一定的水準。

學校的課業不會超過一定的範圍，所以只要針對特定範圍進行加強就能得到高分。總

而言之，想要成績好，只要肯付出時間，讓孩子一直唸書就行了。

不過，純粹只是「成績好的孩子」，到了某個階段一定會遇到瓶頸，無法突破。可能是國中階段，也可能是高中或大學。

無論如何，孩子的成績只能進步到一個程度，接著就陷入無法突破的僵局。而且也找不到未來的夢想。

原因在於，「想知道」「想學習」的需求在成績好的孩子身上付之闕如。在考試結束之後，他們也可能變得像氣球洩氣一樣，完全失去積極的態度。

無論任何事都樂在其中的孩子

但是「聰明的孩子」不一樣。我所謂的「聰明的孩子」，定義是「培養出充分的好奇心」。

孩子的好奇心，或許無法馬上反映在成績上。但是只要擁有好奇心，成績一定會愈來愈好。

我用某個聽過的事蹟來舉例。主角是個叫做翔太的男孩，他從兩、三歲就是個「破壞王」。不論是盒子還是玩具，反正東西只要一到他手上，沒多久就報銷壞掉。一開始，他的媽媽會耐心規勸「你不可以把東西弄壞唷」，但是不論提醒了幾次，他還是依然故我，改不了這個毛病。把東西一一拆解開來，看樣子真的樂在其中。

所以，媽媽不再強迫他改變。這位媽媽向其他家長要了原本要扔掉的壞掉玩具，拿給翔太告訴他「這些玩具可以弄壞沒關係」。

因為媽媽領悟到「把東西弄壞也是孩子的興趣之一」，所以後來每當翔太順利把玩具一一拆解，她就會開口讚美「你做得很棒」。

隨著年紀的增長，翔太的「拆解遊戲」也變得愈來愈有模有樣。在他的巧手之下，不論是時鐘、行動電話或電腦等精密機械，每一個零件都能夠被拆卸下來，完整無缺。

翔太現在已經上國中了，在學校的成績總是名列前茅。連在小學時代最不擅長的國語和社會，他也以「我要去日本物理最強的高中」為目標，為了準備考試而努力用功。而且他唸書完全是自動自發，媽媽從來不必督促「你趕快去唸書」。

願意為自己有興趣的事情而全力以赴的孩子，能夠靠自己不斷增加自己的實力。即使課業的表現一開始差強人意，但只要他發現為了滿足自己的好奇心必須學習，他的學習態度就會從被動轉為主動，連帶使成績愈來愈進步。

就像翔太喜歡「弄壞玩具」一樣，即使孩子的興趣乍看之下和成績沒有直接關係，最後還是殊途同歸。

好奇心是培育腦部的最佳營養

我們的腦部具備自行變化、成長的能力。這種能力就是所謂的「可塑性」。

不論面對什麼事情，追根究柢的念頭愈強，腦的可塑性會隨之提高。換言之，腦部在其他領域的表現也容易獲得成長。

適合孩子全心投入的主題沒有限制，什麼都可以。

無論是繪畫、賽跑、鋼琴、拼圖……等，只要能夠讓孩子全心投入，忘記時間的流逝，並且能持續保持好奇心，父母就讓他盡情去做吧。這樣對腦部的成長一定能帶來正面影響。

總而言之，抱著好奇心去做一件事的孩子，大腦自然會變得很聰明。

大家要培養的不是「會唸書的孩子」，而是「聰明的孩子」。分數的高低，並不是值得追求的本質。

只要孩子擁有旺盛的好奇心，假以時日，成績一定會急起直追。

新發現！教養方式竟然可以改變「腦部結構」

終生保持腦部健康！好奇心令人無法忽略的效果

我利用之前的篇幅，已經向各位說明孩子的腦部是否順利成長的重要性。

以長遠的眼光來看，目前已證實好奇心對延緩腦部的老化也能發揮效果。

身體再健康的人，腦部也會隨著年齡的增長老化，如下頁的圖表所示，各種能力會衰退，變得大不如前。但是，從小好奇心愈強的人，上了年紀之後，腦部萎縮（老化）的速度愈慢，尤其是「高級認知機能」，容易保持在高機能的狀態。

所謂的高級認知機能，意即人類有別於其他動物的能力。包括思考、判斷、計畫、下

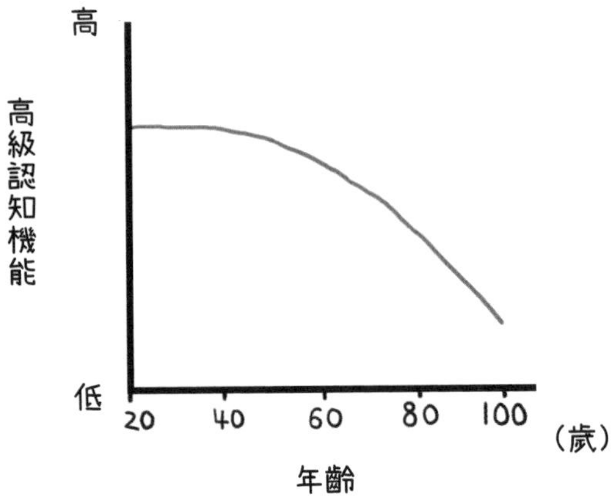

隨著年紀增長，腦部會不斷老化

決定、洞察、溝通等各方面能力。

就這個層面而言，好奇心旺盛、具備高級認知機能的人，即使上了年紀，也依然能夠盡情享受人生。

「快樂的人比其他人多活將近十年的機率很高」是蘇黎世大學布魯諾．佛萊伊教授所提出的報告；換言之，從小培養好奇心，是讓人得以延年益壽、擁有幸福人生的關鍵。

好奇心可以延緩腦部老化的速度。

不僅如此，好奇心也是掌握人生，獲得幸福、長壽的關鍵。

幫助孩子培育好奇心的重要性，會表現在以下幾個方面。

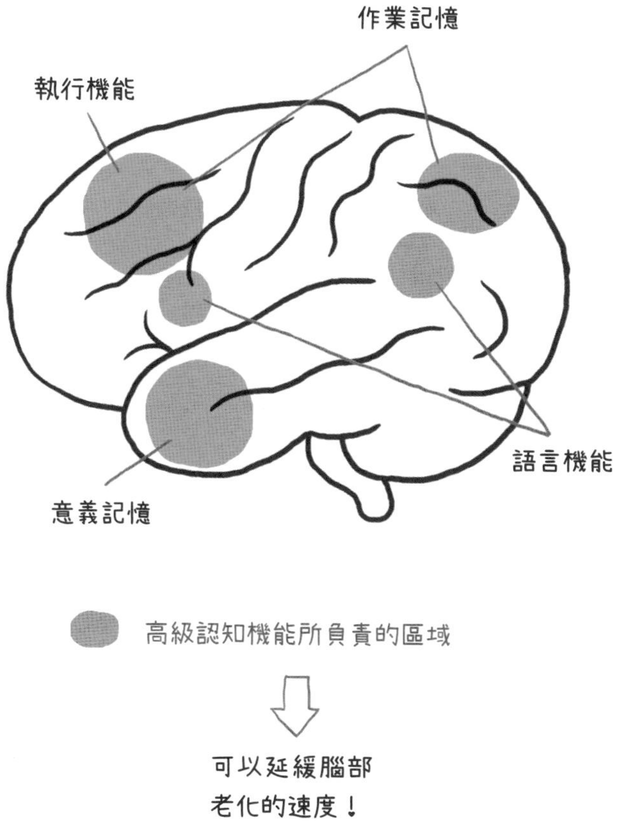

利用好奇心，活化高級認知機能

父母和孩子都受益——打造不失智的腦部

提高好奇心，就能降低「將來罹患失智症的風險」。透過腦影像的研究，早已證實這是不爭的事實。

以日本而言，失智症的患者人數，在二〇一六年已超過四五〇萬人。以往一提到失智症，大家的認知不外乎「無藥可醫，是每個人都難以倖免的疾病」。尤其是自從美國前總統雷根罹患失智症，「進入高齡後，每個人都無法避免」的認知更是迅速蔓延。

但是，這項認知從幾年前開始出現翻轉。因為最新的研究證實，是否會罹患失智症，受生活習慣的影響很大。

事實上，根據英國醫學專業雜誌《The Lancet》（刺胳針）的調查，他們首度在二〇一三年公布英國國內的失智症患者的比例已經減少。原因在於原有的生活習慣得到指導之後，失智症患者的人數竟然下降達二～三成之多。

他們所採取的生活習慣指導內容，也包括鼓勵參加者多做運動和從事運動以外的活動（興趣）。這些活動，皆有助於提高高齡者的好奇心。

根據我們的研究，目前已經證實，即使邁入高齡，只要具備旺盛的好奇心，換言之，也就是興趣廣泛的人，其負責掌管高級認知機能的部分，萎縮速度較一般人緩慢（不容易得到失智症）。

特別是有關興趣的部分，有不少高齡者從事的興趣都屬於「從小就一直有興趣的活動」或者是「小時候學了一點，長大後又重拾的活動」。

我想，如果各位回顧自己的情況應該不難理解，小時候喜歡的事物，即使長大後改變了接觸的型態，對它的喜愛應該仍然不變。

例如小時候打過少棒的人，長大後會成為忠實的職棒球迷；小時候對火車如癡如醉的人，或許至今仍喜歡坐火車出去旅行。

當然，不是說等到長大成人才培養的興趣比較遜色，但愈小開始接觸的事物，即使上了年紀，通常比較容易持之以恆。

買圖鑑給三～五歲的孩子，讓他們一輩子都擁有好奇心，對促進腦部發育是一大助力。而且也可望降低他們以後罹患失智症的風險。

透過最先進的腦部研究，已經證實了這樣的事實。

態度很重要。因為只要採用正確的作法，孩子的反應將會大為轉變。請參照68頁以後的內容，其中會一併介紹如何讓超過五歲的孩子對圖鑑產生興趣。

第2章

「三個秘密法寶」培養好奇心，孩子愈來愈聰明

今天開始！如何培育「好奇心旺盛的大腦」

即使聽我一再強調「培養孩子的好奇心」很重要，想必還是有些家長摸不清頭緒，不知該從何做起。事實上，想要拓展孩子的好奇心，掌握箇中訣竅，才能達到事半功倍的效果。

因此，我將在本章為各位介紹如何培育孩子的好奇心，讓他變得更聰明的具體方法。

若要順利達標，絕對少不了「三個秘密法寶」。

請各位家長充分利用，幫助自家孩子的好奇心逐漸成長茁壯。

秘密法寶之一：圖鑑

掌握大腦發育關鍵從圖像思考開始

如同我在第1章已經介紹，圖鑑有助開發圖像思考力，讓孩子的腦部大幅成長。首先，請在孩子能夠自行判斷「喜歡或討厭」之前，讓孩子常常接觸圖鑑吧。

除了圖鑑帶來的具體效果，在此也為大家仔細說明閱讀方式和購買的注意事項。

另外，爸媽特地買回來的圖鑑，孩子有可能完全沒興趣，根本不屑一顧。這時，父母的態度很重要。因為只要採用正確的作法，孩子的反應將會大為轉變。請參照68頁以後的內容。當中會一併介紹如何讓超過五歲的孩子，對圖鑑產生興趣的方法。

培養圖像思考力，讓孩子「喜歡上學！」「學習一把罩」

圖鑑的厲害之處在於，從第一次接觸圖鑑的年幼時期開始，一直到就學階段，甚至是長大成人之後，永遠是蘊藏著「新發現」的豐富寶庫。以我自己而言，即使現在已成為大學教授，圖鑑對我的吸引力依然未減。不管活到幾歲，圖鑑都是激發好奇心的催化劑。

其中我最重視「圖鑑與學習的親和性」。當孩子成長到就學階段，圖鑑就能發揮作用，讓孩子減輕對學習的心理障礙。

舉例而言，假設家裡有魚類圖鑑。如果孩子喜歡，沒事就會翻來看，等到進小學上自然課「魚類靠鰓呼吸……」，他的起步就是「這個我已經知道了」。

「這是什麼啊？鰓是什麼東西？」

和一般孩子相比，「我已經在圖鑑看過」的孩子，往後理所當然對課業的積極度和吸收程度都超出許多。

利用圖鑑讓孩子「愛上學校的課業！」

能夠毫不費力地理解課堂上的內容，對於「唸書難不倒我」「我喜歡上學」培養子的自信當然是一大助力。

大幅提升 對文字的興趣

沒事就翻圖鑑看，還有另一項收穫，那就是孩子自然會對文字本身產生興趣。

圖鑑蘊藏著許多讓孩子想「一探究竟」的元素。孩子一開始主要是看圖片和照片，樂在其中，不過多看幾次之後，孩子終究會對旁邊標註的名字或說明產生興趣。

「它叫什麼名字啊？」

「裡面寫什麼啊？」

孩子心中會不斷產生這些疑問。透過圖鑑，可以讓孩子為了探索世上的事物而學會認字。

舉例而言，我兒子在三歲時是個重度恐龍迷，對恐龍圖鑑百看不厭，愛不釋手。雖然他已經認得日文五十音的平假名，但還是叫不出那些寶貝恐龍的名字（恐龍的名字都是外來語，以片假名拼音）。

所以，我試著教他一點片假名，沒想到他一下子就學會了。

而且他還會問我「這是『ン』還是『ソ』啊？」，由此可見他已經進步到自己主動學習了。

即使是對文字敏感度較低的小男生，透過恐龍、昆蟲、交通工具等各式圖鑑，也可以毫不費力地學會片假名。

透過圖鑑，反而先學會片假名而不是平假名的孩子也不在少數呢。

如果能夠在孩子小時候透過圖鑑，開始接觸世界上博大精深的學問，隨著成長，他就會對世界的萬物產生更多求知的欲望。

也就是「求知若渴」的態度。對好奇心如此旺盛的孩子而言，升學考試就像順便的附帶品。想必他們一定能靠著自己的努力通過升學的窄門，長大後成為活躍於社會的棟樑。

透過圖鑑，每個孩子自然都會「和文字成為好朋友」

為了達到這一點，一開始要做的事情很簡單，就是到書店挑本圖鑑送給孩子。

讓圖鑑成為孩子「為什麼階段」的得力小老師！

孩子到了三歲左右，開始進入愛問「為什麼？」的發問期。因此，讓這個階段的孩子接觸圖鑑，可說再合適不過了。

如果家裡有很多圖鑑，當孩子遇到不懂的事情，父母就可以和孩子一起翻開圖鑑，從中找到答案，而一起尋找解答的過程，也可以促進親子之間的溝通。

就算家長因為忙於家事或者還有更小的孩子需要照顧，也可以改用這種方式「你去翻那本圖鑑找答案，找到答案再告訴媽媽」。

孩子基於「我得把答案告訴媽媽才行」的心理，而能夠靜下心來，試圖從圖鑑找出答案。

這種處理方式總比一口回絕孩子「我現在很忙，沒空！」讓孩子大失所望要好多了吧。

男孩女孩都適用！讓數理細胞開竅最有效的工具

曾經有人問我「我想要開發自己的數理能力。可是我父母都是文組，我該怎麼做呢？」

首先，我的回答是「想要增強數理能力一點也不難」。理由是運用圖鑑就可以達到這個目的。

圖鑑的主題基本上都和自然科學有關。看看各家出版社出版的內容就很清楚了。比如「動物」「鳥類」「魚類」「昆蟲」「兩棲類．爬蟲類」「恐龍」「花卉」「植物」「蔬菜水果」「地球」「岩石」「宇宙」「人體」「古生物」「化石」「元素」等，若能備齊這些圖鑑，我相信一定會激發孩子對自然科學的興趣。

與其強制孩子解答數學題目，透過圖鑑，可以讓孩子更自然的進入數理的世界。

另外，或許有些人會覺得「圖鑑＝男生的領域」。以我們的上一輩而言，會唸理工科的絕大多數都是男性。

但是，對理工很有興趣，而且理工能力也很強的女性並不在少數。

更何況，即使以後不往理工的路發展，日常生活中，例如音樂、運動、健康管理、烹飪、掃除等，需要發揮理工能力的場合也不少。

從這樣的觀點看來，認為「女孩子不需要提升理工能力」根本是無稽之談。就「好奇心」而言，原本就沒有理科和文科之別。

如果父母擅自替女兒做主，抱著這樣的想法「反正我們生的是女兒，不需要圖鑑啦」「明明是女孩子，怎麼會對蟲子有興趣……」，反而會限制孩子將來的發展。更重要的是，不論世界的趨勢如何轉變，讓孩子從小就做好準備，將來有能力靠自己找到安身立命之道，難道不是父母責無旁貸的事嗎。

為了讓孩子以後有能力開創自己的未來，圖鑑無疑是最有效的工具，不論男孩女孩都一樣。

什麼時候買？該怎麼讀？——我家的獨門絕招

我認為圖鑑的閱讀方法沒有好壞可言。

家長可以唸給孩子聽，或者像我一樣，做父母的也可以拿本自己喜歡的圖鑑，一頁一頁仔細翻看。請父母帶著孩子，養成安靜閱讀的習慣吧。

如果孩子發問，父母再一一回答問題即可。

重點是，不管以什麼樣的方式，父母要向孩子展現「爸媽也喜歡圖鑑」的姿態。

其次，如果時間和精力允許，請父母儘量養成閱讀圖鑑的習慣。孩子在父母的耳濡目染之下，自然也會主動翻開圖鑑。

以我們家為例，就寢之前就是兒子和我的「圖鑑時間」。最近，兒子只要完成就寢的準備，就會主動拿著圖鑑上床。

洗好澡，也吃完飯，接著刷牙、上廁所。然後就是圖鑑時間了。他已經很習慣這一連串的流程。

我們每天閱讀的時間長短不一定。有時候十分鐘或二十分鐘就結束了，但等到周末等時間比較充裕的時候，有可能延長到將近一個小時。

最重要的原則是「時間不長也沒關係，但盡可能要每天」。為了能夠持之以恆，不要太過勉強也很重要。

至於圖鑑的購買和挑選方式，沒有正確解答，不過，與其一口氣買下同系列的一整套圖鑑，我認為分次購買比較明智。

如果一次購入一整套，孩子不一定每本都會喜歡，這時父母難免會覺得「有些圖鑑都不看，好浪費」，因而忍不住陷入「強迫孩子接受」的模式。

即使孩子原本並不是沒有興趣，但一旦感受到「壓迫感」，說不定反而會對圖鑑產生排斥感。

我建議先買一本，等到這一本看完，再和孩子一起到書店挑選下一本圖鑑。這麼一來，孩子也會有參與感，覺得「這是我的圖鑑」。而且，和孩子一起挑選，等於增加親子溝通的機會。

無論男生還是女生，成長到會走路、講話以後，都會被眼前看得到、摸得到的東西吸引，例如「葉子」「花」「石頭」「瓢蟲」「種子」「狗」「車」等。

配合孩子成長的階段分批購買，自然能引起孩子的興趣。

改善對「圖鑑不感興趣」的特效藥！

如何讓五歲以上的孩子「迷上圖鑑」？

孩子如果對圖鑑不感興趣，或是家長未能趕在五歲的黃金期之前，讓孩子接觸圖鑑，結果現在聽到孩子反應「我不喜歡圖鑑」，那家長該怎麼辦呢？

即使孩子已經擺明自己對圖鑑沒興趣，家長也不必就此灰心，因為還有很多挽回的機會。辦法很簡單，家長必須以身作則，率先拿起孩子表示「我不喜歡」的圖鑑閱讀，這樣就可以了。

如此一來，孩子對這本「爸媽好像讀得津津有味的圖鑑」也會產生好奇心，忍不住在旁邊偷瞄。

一開始或許純粹是模仿大人的行為，有樣學樣。如果是這樣，父母可以稍微告訴孩子圖鑑的內容是什麼，提高孩子的興趣（小朋友的圖鑑的內容都寫得淺顯易懂，即使是父母不擅長的領域也不必擔心）。

以我本身的情況來說，畢竟兒子沒辦法每個字都看得懂，而且有些部分的解說對他來說過於深奧，這時，我會簡化圖片附帶的說明文字，讓他更容易了解。

如果他看的是恐龍圖鑑，我會把圖鑑上寫的文字唸給他聽，例如「侏儸紀有腕龍喔」「暴龍是白堊紀的恐龍」等。

光是這幾句簡單的說明，孩子的「感興趣程度」就不一樣了。

只要好好向孩子說明，他們起碼可以理解七八分，瑣碎的年代細節即使現在記不得，起碼也會有個模糊的概念「那是很久很久以前」。

等到孩子再長大一點，可以區分「很久以前」和現在的不同，殘留在記憶中的「侏儸紀」「白堊紀」等知識，就有派上用場的可能。我覺得只要能做到這樣就值得了。

這時，父母不必預設太多立場，認為「那麼小的孩子應該不知道這句話的意思」「對小孩來說應該太難了」。總之，沒有限制孩子吸收知識的必要。就腦醫學觀點而言，孩子比成人更容易吸收知識。

另外，孩子從與父母之間的對話當中，學到的事物比內容本身還多。

例如除了從表情和說話方式察覺對方的心情，他們也逐漸學會配合對方的心情，改變自己的行動和講話方式。

如果大人抱持著「小孩子不知道這個沒關係」的想法，可能會在無形中限制了孩子好奇心的發展，這麼一來，好奇程度就會變得很有限。

孩子對父母的反應很敏感，如果大人的態度趨於保守，孩子也會畫地自限「只要做到這裡就夠了」。

父母的一句話讓效果加倍

如果看到父母在看圖鑑，孩子卻依然不為所動，不妨試著在日常對話中下點工夫。

舉例而言，如果孩子撿到樹葉，拿過來向爸媽獻寶「樹葉耶！」大人可以趁機引導「這是什麼樹的葉子啊？」

「回家以後翻圖鑑找找看吧。」

幾次下來，孩子會慢慢理解「原來樹葉還有不同的種類」「查圖鑑可以知道答案」。主動學習的態度，就是透過這樣的累積慢慢成形。

相反的，如果父母表現出不贊同的態度，例如：

「葉子很髒快丟掉！」

「你再拖拖拉拉，幼稚園就要遲到了！動作快一點！」

父母老是這麼說，孩子「想知道更多」的念頭就會被扼殺。好奇心的大門，恐怕也就此關閉。

除此之外，父母也可以試著出題目給孩子猜猜看。比如，假設出門時看到積雨雲，吃晚餐的時候可以順便考考孩子。

「你知道為什麼會有雲嗎？」

孩子當然不知道正確答案，但他應該會按照自己的想法，說出心裡的答案。從孩子的回答，又可以延伸出許多內容。

接著，父母看準孩子已經充分思考的時機，才說出正確答案「為什麼會有雲啊，是因為……」並且讓孩子看圖鑑。我相信這樣的互動，一定也能讓親子間的對話增添更多樂趣。

另外，我給自己訂了一個目標。那就是每天都要教兒子一件新事物。內容不拘。可以是從報章雜誌或書本看到的資訊，或者從別人聽來的消息、圖鑑的內容都可以。主題也沒有限制，國家的名字、星星、動物、昆蟲，什麼都可以。

只要是我覺得「兒子可能會感興趣的話題」，我都會試試看。

我向兒子出考題或教他新的事物，目的並不在於要他死背這些知識。只要能夠引起他的好奇心，即使99％都忘記也無妨。

親子之間的對話，沒有太晚這回事。

不管各位的孩子已經是小學生，還是國中生，請從今天的晚餐時間開始和孩子對話吧。

秘密法寶之二：捕蟲網

和孩子一起到戶外「接觸實體」

找到適合「我們家孩子的秘密法寶」

買圖鑑的下一步是什麼呢？

如同我在前面已經提過，下一步就是「讓虛擬與現實結合」。這個部分考驗著父母的智慧。

這個階段需要準備的道具因人而異，孩子透過圖鑑對何種領域產生興趣，所需的道具會有所不同。以我們家而言是捕蟲網。我自己從小開始就一直很喜歡蝴蝶，所以和孩子帶著捕蟲網到戶外時，我自己也很樂在其中。

首先，我會先帶著孩子翻開圖鑑確認鳳蝶的模樣，接著再帶著捕蟲網到公園去找。如果在公園找到白粉蝶，回家就翻開圖鑑找出白粉蝶。

孩子的好奇心有多少，取決於父母的努力。能夠儘量在日常生活中，讓「虛擬（圖鑑）的資訊」與「真實（現實世界）的體驗」不斷結合，孩子的好奇心自然會變得愈來愈濃厚。

如果孩子喜歡火車……相機？時刻表？
如果孩子喜歡魚類……釣竿？魚網？
如果孩子喜歡花……放大鏡？
如果孩子喜歡星星……望遠鏡？遮光板？

請各位家長不必太早下定論，拋開「既然喜歡這個領域，一定要準備這些工具」的成見，仔細尋找能夠把圖鑑與現實結合的工具吧。**這就是拓展孩子的好奇心的第二項秘密法**

寶。

培養「還想知道更多」的求知欲

帶著工具出門，可以讓圖鑑中的資訊和現實世界結合。若能好好運用這種催化劑，孩子的好奇心將會不斷萌芽，逐漸茁壯。

請各位想像一下。

平常在家裡翻著動物圖鑑，看著老虎的圖片讚嘆「好帥唷～」，某一天爸爸帶到動物園，親眼見識老虎本尊的模樣。親眼目睹實體的震撼力，絕非平面的圖鑑所能比擬。孩子雀躍、激動的心情，非筆墨可以形容。看得目不轉睛的孩子，不管大人怎麼催促，一直待在柵欄前遲遲不肯離去。回到家之後，不斷重播在動物園錄的老虎叫聲「嘎嚕嚕嚕」，聽得欲罷不能，不管聽幾次都不厭倦。

或許各位家長都有過類似的經驗。

反過來，現實也可以和虛擬結合。

假設孩子被路旁開著各種色彩繽紛的花朵所吸引。當孩子拿著放大鏡觀察時，媽媽不妨拿出花卉圖鑑，說「說不定圖鑑裡有介紹喔」。只要孩子翻開圖鑑，說不定真的能在書裡找到和外面盛開的花朵一模一樣的種類。

對孩子來說這是「重要發現」。感覺可能就像發現了未曾被人發現的新種植物。

或許現實世界的一朵小花，會讓孩子展開航海之旅，開始遨遊在浩瀚的圖鑑書海之中。

虛擬與現實結合，能刺激孩子的好奇心，讓孩子的學習態度轉為更主動積極。但是他們本身並沒有意識到「我正在努力學習」。

不過，父母做的事情剛好相反，父母必須「有意識」的增加虛擬與現實結合的機會，以加強孩子的好奇心。

「圖鑑＋實際體驗」可以加速腦部的成長！

發揮創意，在日常生活中落實「處處留心皆學問」

只要好把握，日常生活當中，便有許多將圖鑑的內容與現實世界結合的機會。

例如晚上出門時，看到一顆特別明亮的星星。

父母若能告訴孩子「那顆很亮的星星是金星」，就符合虛擬與現實的結合。

如果父母對星星不是很了解，改成月亮也可以。孩子看到月亮也會覺得開心，這時可以告訴他「今天是很漂亮的上弦月呢。月亮是繞著地球轉的衛星喔。什麼是衛星呢……」

教導孩子什麼是衛星後，接著再教行星、恆星。孩子可以在沒有壓力的情況下學習，並且對每一種天體的關係有個大略的概念。

直到進入正規的學校教育，孩子會正式學習到宇宙的知識「行星繞著恆星公轉，衛星則繞著行星公轉」。這時，在從小打下的基礎加持之下，和從零開始學習相比，自然能學得輕鬆愉快。

孩子應該會回想起「以前爸爸說過月亮是地球的衛星」等。

圖鑑的知識和孩子自己的體驗合為一體，記憶會得到進一步的強化。

只要有空，我就會帶著兒子上山。前陣子，兒子指著開在田野的小花對我說「這是一年生植物」，讓我非常感動，稱讚他可以從圖鑑辨識那麼小的花。

「大自然是最好的老師」。我認為這句話說得很有道理。

全家出遊——「親子樂趣」加速孩子的成長

讓「虛擬與現實結合」說起來容易，實際執行起來，家長或許會覺得很吃力。

對家有幼兒、每天都忙得不可開交的父母而言，心裡應該都是抱著「孩子想看動物的心情我了解，但難得的周末讓我待在家裡休息吧……」

所以，「順從孩子的期望出門」有一定的難度，並不是隨時能夠成行。

但如果成行，請父母好好利用這次家庭出遊的機會，讓虛擬與現實結合吧。

父母喜歡什麼，孩子大多也會跟著喜歡，而且和父母一起從事什麼活動，是每個孩子最喜歡做的事。如果父母對蟲一向敬而遠之，不必勉強自己上山抓蟲，只要以另一個大人和小孩都喜歡的活動來取代，從中實踐「虛擬與現實結合」就可以了。

如果爸媽都喜歡旅行，不妨在出發前替孩子稍微做點預習，讓孩子對當地的歷史文化或風俗民情有個簡單的概念。到了當地再向孩子解說，就等於是眼前的現實（實際）和資訊（虛擬）結合，會成為絕佳的刺激。

市面上有一些旅遊書把重點放在當地的歷史，我想只要花點心思就能找到。

如果爸爸對車子有興趣，也可以帶著孩子參加汽車展之類的活動。

我自己從小就很喜歡車子，直到現在也常常帶著孩子看車。我不僅會教告訴他每一種車子的名稱和廠牌，也會延伸到這些廠牌是來自哪些國家，順便讓他有簡單的地理概念。

如果親子所討論的是引擎的構造或設計等，就是活生生的科學課了。

因為我本身也懷抱著「汽車夢」，所以「以後想買好車開」也成為刺激我自己念書的動機。或許這可以算是附帶效果吧。

父母「稍微偷懶」，可以提升孩子的「動力」！

讓虛擬與現實結合的訣竅在於保持輕鬆的心情，與其重視「讓孩子把知識全部記住」，保持「全家同樂」的態度更為重要。

爸媽如果沒有時間充實本身的知識，不妨把問題丟給孩子「那個是什麼啊」「為什麼會變成這樣呢」。

對孩子提問，能刺激孩子的好奇心。

或許孩子會在你意想不到的時候脫口而出：「爸爸你看到的那個，我在圖鑑有找到喔」。

和孩子一起從事各種活動，不但會增加親子間的對話，孩子也會變得更主動要求「我還想和爸爸、媽媽一起做○○，一起去△△」。持續累積這樣的經驗，想必又有新的好奇心萌芽。

為了培養孩子的好奇心，父母需要付出一定程度的努力，但從孩子的成長所得到的回饋，一定會超出各位付出的心力和時間。如果願意，請各位爸媽從現在就開始吧。

秘密法寶之三：樂器

第一次學習才藝的首選是「音樂」

每個階段適合學習的才藝都不同

「孩子學習什麼樣的才藝好呢？」

望子成龍、望女成鳳是普天下所有父母的心願。這也是父母經常問我的問題。

從腦部發展的觀點而言，每個階段的孩子都各有適合學習的才藝。

一般而言，讓孩子接觸才藝的年齡差不多是三歲。

如果有計畫讓孩子學習才藝，我的建議是學習鋼琴等樂器。

原因之一是這個年齡的孩子的音感和節奏感特別好，不過，更重要的是，樂器蘊藏著超乎想像的能力。

說得極端一點，如果要培養「聰明的孩子」「好奇心旺盛的孩子」，樂器在這個時期將會發揮很出色的效果。

音樂有助英文的學習能力！——令人意外的腦部網路

腦部劃分為好幾個區域，每個區域各司其職，分別掌管身體的動作、視野、聲音、語言等。

或許很多人不知道，在腦部眾多區域當中，掌管聲音的區域，其實距離掌管語言的區域非常近，可以說根本是重疊在一起。

另外，三、四歲正是語言發展的時期。因此，讓這個階段的孩子演奏樂器，對語言的區域也會成為良性刺激。

尤其是男孩子，對語言產生興趣的傾向較女孩子緩慢，所以許多家有小男生的父母，都曾經為此煩惱「兒子怎麼還不會講話」。但如果勉強孩子聽寫等積極學習，孩子反而會對文字產生排斥感，造成反效果。

這時，借用音樂的力量，讓腦部做好準備接收語言的準備，我認為是不會讓孩子感到有壓力的好方法。

另外，我認為音樂在孩子未來學習外語時也能派上用場。

雖然沒有經過正式的統計，但英語流利的程度堪稱母語的人，小時候大多都學過鋼琴等樂器（小時候住在國外，身處於非用英語溝通不可的環境的人除外）。

能夠分辨「L」和「R」、「B」和「V」等發音的「耳力」，是學習英文這種第二語言時必備的能力。透過小時候的音樂教育打下基礎能力，可以在日後學習英文更加順利。

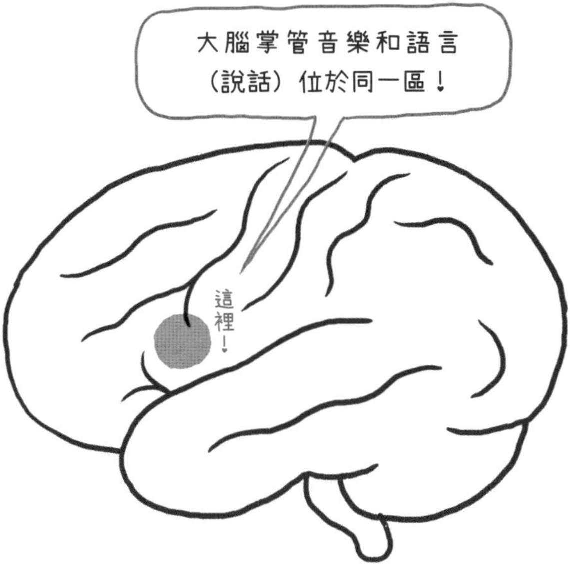

小時候「學音樂」對「外語學習」有幫助的原因

當然，剛才我提到的「耳力」，並非只是學習英語的必要能力，也適用於學習世界上每一種國家的語言。

養成從小聽音樂和演奏樂器的習慣，等於替將來學習外語鋪路，預先奠定良好的基礎。

從小開始學音樂的好處

音樂的可貴之處在於，很容易讓人一直保持好奇心。

對音樂持之以恆的人很多；不少人從小開始學音樂，直到退休後都不曾荒廢。除了對樂器本身仍保持熱情，透過音樂讓求知上的好奇心延伸到各領域，也是音樂讓人永不厭倦的理由。

除了鑑賞與演奏，進一步更從歷史、文化、樂曲、音樂家、樂器構造等切入音樂的人應該不在少數。

不僅如此，音樂的力量甚至能夠發揮在人與人之間的溝通。

因為工作性質使然，我時常有機會接觸各行各業的菁英和企業領導人；和他們在談話的過程中，我們常常一提到音樂，打開的話匣子就關不起來。

雖然他們都是日理萬機的大忙人，卻還是不忘抽出時間欣賞音樂。知道這點之後，對我來說是個重大發現。

音樂不但可以豐富一個人的人生，而且能夠讓人終生保持好奇心，使人生變得更加多采多姿。或許契機就是從小開始學習的樂器。

如何提高對音樂的興趣

把樂器拿給嬰兒，大部分的反應不是敲打就是搖晃以發出聲音。如果能就此讓這個孩子對聲音產生興趣，進而願意學習樂器是再理想不過，但如果家長發現孩子毫無興趣，請先讓樂器發出聲音，試著引起孩子的興趣。

老實說，我家就是這個模式。

我自己小時候學過鋼琴，所以打算也讓兒子學，但是兒子卻完全沒有興趣。於是我心生一計，自顧自地開始彈琴。我的盤算是讓兒子看到我樂在其中的模樣，因而對鋼琴產生興趣。

這招果然奏效，兒子開始模仿我彈琴了。

看樣子，他對音樂的興趣就此萌芽，現在他會自己即興彈琴，一個人「自彈自唱」，彈唱的是自己作詞作曲的「恐龍之歌」。

從這件事讓我強烈體會到，父母如果希望孩子做什麼，最好的方法就是以身作則，先示範給孩子看。

父母如果可以和孩子一起演奏，等於全家同樂。孩子彈鋼琴，爸爸演奏吉他，媽媽唱歌，都可以組一個家庭樂團了。

如果音樂能夠成為家庭的固定活動，不只是孩子，連父母的腦部功能都可望得到提升。

就像我之前已經提過，音樂對孩子的腦部而言，是一種很好的刺激，有助好幾個區域的成長。

不僅如此，透過最近的研究也已證實，培養音樂作為嗜好，可以使成人的腦部得到活化，降低罹患失智症的風險。

仰賴三個秘密法寶就能改善「棘手領域」的理由

單一專長可提升整體成績

我想，各位只要運用我剛才提過的「三個秘密法寶」，應該可以摸清孩子對哪方面有興趣。

動物、機器人、鳥類、火車、跳舞、唱歌、小提琴、足球……，不論對什麼有興趣都好，只要孩子喜歡，請家長多多鼓勵支持。

正如其名，小宙是個熱愛宇宙的孩子。不論圖鑑、書或是漫畫，他只挑主題與宇宙有關的作品看，他的行為讓母親覺得很煩惱。

單一興趣將推動其他部份的成長（泛化）

但是我並不覺得這是壞事。因為讓孩子的好奇心自由發展，才會讓腦部得到更廣闊的成長空間。

「泛化」是腦部的特徵之一。也就是「當某一項能力提升，其他沒有直接相關部份的能力也會隨著提升」。

換句話說，即使喜歡宇宙的孩子整天只看星星圖鑑，語言能力也會逐漸跟著進步。

我們能夠預期的是，讓孩子全神貫注在某一領域，可以強化腦內神經細胞的網路。在此帶動之下，其他許多部份的網路也會跟著得到強化。

換言之，即使只有一項優秀的能力，也會產生帶動作用，讓其他能力也跟著變強。

腦部具備「泛化」的特徵，拜此所賜，只要「具備某一項強項」，就能夠使腦部整體的機能得到提升。

以小宙為例，他在學習有關宇宙知識的過程中，其他方面的能力也會隨著逐漸成長。因為當孩子全心投入在某件事時，對腦部的發育有益無害。

當然，這個原則也適用在課業上。

父母總是希望孩子能多花點時間補強不擅長的學科。我了解父母希望孩子克服弱點的想法，但是如果剝奪孩子的好奇心就本末倒置了。讓孩子拿手的科目能夠徹底發揮，反而容易提升整體的成績。

從提升孩子的自信層面而言，我認為讓孩子儘量發揮自己拿手的科目，才是正確的學習方法。

努力有方法，發揮學習訣竅

話雖如此，到了升學考試或期中考之前，家長不可能放任孩子放棄不擅長的科目。到了這樣的緊急時刻，此時，徹底鑽研某一拿手科目的經驗，便可以派上用場。

因為一旦用心投入某件事，我們就會學到「怎麼做才能做到極致」。在全心投入自己喜歡的事情的過程中，也會逐漸掌握「努力的方法」和「學習的技巧」。

某個小學二年級的女孩，近來對《唐詩三百首》十分著迷。看到她專心投入的模樣，讓我重新體認到孩子真的可以透過遊戲和自己有興趣的事物，學會如何努力。

首先，女孩會從三百張唐詩三百首的卡片，抽出二十張隨身攜帶。只要稍微有點空檔，她就會拿出卡片背誦。遇到不懂的地方，她就會翻開專給小朋友閱讀的解說書找答案。在當天要結束之前，她會向母親唸出卡片上的內容，同時計時在幾分鐘內能答對所有的牌。

不僅如此，即使她手邊正在做其他的事情，只要媽媽唸出上句的開頭「白日依山盡」，她就會接著背出完整的詩句。

靠著這樣的方法，她終於背下唐詩三百首所有的內容，還說下次要參加比賽。她的熱情真不是蓋的。不過，她做的是自己喜歡的事，所以並沒有「父母強迫我背書」、「我很拼命」的感覺。

但如果強制她一定要怎麼做，我相信她大概連一首詩都不想看了。正因為喜歡，對這項事物抱著好奇心，才能在沒有意識到「我在努力」的情況下不斷努力。

我不知道這個女孩的成績如何，但我想她以後一定會成為很會唸書的聰明學生。理解意思，反覆背誦要記憶的內容，也不忘閱讀能夠幫助理解的書籍，遇到不懂的單字就立刻查，計時測驗自己的學習進度，睡前再次複習自己背誦的內容，為了加強印象又不斷複習。

我敢斷言這個女孩以後一定很會唸書的原因在此。因為她已經學會這一連串的流程了。而且她還懂得要制定考試等目標，以維持自己的熱情不減。能夠做到這種程度，連大人都自嘆弗如。

因為這樣的孩子已經掌握了「如何努力的訣竅」。

聰明的孩子所具有的特質

當然，唐詩三百首和升學考試不能相提並論。不過我想強調的是，努力是有方法的，倘若孩子能夠掌握，可以應用在各種領域。

所謂努力的方法，意即能夠思考自己哪裡不足，為了改善該怎麼做等。認清自己該找誰問問題討論，或者該如何練習，並且付諸行動。想要出類拔萃，本質說穿了，在任何領域原理都是一樣的。

不論課業、工作或興趣嗜好都一樣，只要先在腦中擬定好類似「為了完成這件事」的大綱，再一一填上每項的內容即可。

即使是孩子不擅長的事，想必也能很快上手，順利克服。

所謂「聰明的孩子」，我認為有兩種。一種是「能夠持續努力，但是並沒有感覺自己很努力的孩子」，另一種是「掌握努力方法的孩子」。有些孩子同時兼具這兩種特質。

尤其是有關孩子往後必備的英語能力，說得直白一點，「努力的差異＝能力的差異」。身為土生土長的日本人，卻能操得一口流利英語，這樣的人應該付出了極大的努力（當然也有些人把英語當作興趣）。

以結論而言，努力也和好奇心脫不了關係。因為只要具備好奇心，努力就變得不是努力了。

雖然前面已經提過，與其讓孩子在小時候廣泛接觸各種事物，不如讓孩子專心致力於自己擅長的項目。

透過自己喜歡的事物，學習努力的方法，從這個角度而言，拓展孩子的好奇心確實非常重要。

第3章

藝術、語言、運動能力……培養才能與天分的黃金期

配合大腦發展的「學習黃金期」

希望孩子多才多藝，是每個父母的期待。

當然，做父母的也希望能幫助孩子找出適合他的方向。

因此，父母讓孩子學習各式各樣的才藝，幫孩子「排滿了行程」，這種心情我不是不能體會。

不過，只要掌握腦部成長的特徵，家長們其實不需要急著讓孩子同時學習許多項才藝。

請大家好好想一想。

腦部具備這樣的性質：每個使用的部分、每一種想要提升的能力，開始成長的時機都不一樣。

最明智的做法是在某一種能力最容易發展的時期，學習和能力相關的才藝。等到下一個階段到來，再嘗試其他不同的才藝。

以這種方式學習才藝，不但可以更有效率的發揮孩子的能力，也能夠大幅降低孩子的學習壓力。

本章將會依照年齡，分別為各位介紹不同年齡適合學習的才藝。

圖鑑、繪本、音樂
零歲～
熊寶寶
小貓咪
圖鑑
3～5歲
樂器、運動

父母將時間和金錢的花費降到最低，又可以讓
孩子的能力發揮到最大值的時期是？
「兒童腦部成長年齡地圖」

零歲～：圖鑑・繪本・音樂

訓練眼耳「感覺」和「感性」

「敏銳的視力與聽力」是人格養成的基礎

在孩子能夠自行判斷「喜歡或討厭」之前，讓孩子多接觸圖鑑和音樂吧。目的是調整腦部的狀態，好讓腦能夠接受更多資訊。

視覺和聽覺在嬰兒出生後，便會以非常快速的速度發展。

所以，把握這段時間讓孩子多看圖鑑和繪本，或者念書給孩子聽，對嬰兒腦部的發育會有幫助。

請捨棄以大人為優先的想法。例如媽媽不喜歡蟲，就跳過昆蟲圖鑑不選。

請儘量讓孩子接觸各種領域，種類愈多愈好，這是為了可以拓展未來的可能性。

讓孩子聽音樂，也是可以從零歲做起的項目之一。

爸媽不必太過刻意，只要把古典音樂當作背景音樂常常播放，就可以提升寶寶的耳力。襁褓時期接受的音樂刺激，會成為音感的基礎，也等於是為將來學習樂器的提前準備。

適合親子共賞的音樂會，近來愈來愈多。

當然，不僅限於古典音樂，其他父母喜歡的音樂類型，也能得到同樣的效果。

三～五歲：樂器・運動

音樂和運動能力大放異彩的時期

孩子「靈巧的手」來自父母的培養

容我再強調一次，孩子適合學習樂器的年齡是三～五歲。

樂器除了能提升孩子的語言能力，也有助身體能力的發展。

幾乎所有的樂器在演奏時，都需要指尖和手腕周圍的細部動作。這樣的細部動作稱為「精細動作」。總而言之，目前已知手部的靈巧度，在三～五歲的階段最容易訓練。

掌管精細動作的部分稱為「主要運動皮質區」（Primary Motor Cortex），發展在三～

五歲達到顛峰。所以我在第2章向大家說明「樂器適合從三歲開始學」，便是根據這個理由。

除了樂器之外，在三～五歲開始接觸花式滑冰、芭蕾、桌球等需要精細動作的運動，學習的效果特別好。尤其是需要微妙的平衡感和靈巧度的運動項目，如果在這個階段開始學起，更有事半功倍之效。

舉例而言，五嶋綠小姐、五嶋龍先生這兩位著名小提琴家都是從三歲開始學習小提琴。桌球選手福原愛小姐、體操選手內村航平先生也都是從三歲開始分別接觸桌球和體操。

即使將來改學其他競技或運動，從前接觸樂器或運動所培養出來的能力，會變成「基礎能力」，讓孩子未來受益無窮。

統計顯示「東大生最常學習的才藝是鋼琴」

說到孩子在三～五歲階段最適合學習的才藝，鋼琴應該是首選。

從我小時候，鋼琴就一直是眾多才藝的首選，備受家長的青睞。無論有沒有腦醫學的證實結果背書，家長們或許是憑直覺「好像對孩子有幫助」，所以紛紛讓孩子踏入學鋼琴的行列。

胼胝體是連接左右大腦的神經纖維束；彈鋼琴時，左右手分別彈的是不同的音階，練習愈多，連接左腦和右腦的胼胝體也會變得愈發達。

而且彈琴的時候，除了手動，同時也需要思考，所以連接腦部和手的「錐體路徑」（Pyramidal tract）也會跟著發展。換言之，不僅只有腦部，手和腦的連接通路也跟著得到訓練。

當然也可以改學電子琴，一來價格比較便宜，而且學習的管道也多。從這個角度而言，學習的門檻比較低。當然，亦可選擇鋼琴以外的樂器。

二〇一五年，日本某間大型電機廠商發表了一項問卷調查的結果，內容是「東京大學等日本國內名校的學生，大約有一半曾經學過鋼琴」。

當然，這並不代表只要學鋼琴就進得了東大，不過可以期待的是，學鋼琴能夠促進腦部發育。

努力可以超越「與生俱來的能力」？

或許有些人認為知名的鋼琴家或小提琴家，都是靠著與生俱來的能力揚名立萬。

這種想法確實不是沒有根據。如果解析音樂家的腦影像，應該都會出現「腦部相關藝術的領域特別大」的結果吧。

但是，這也反映他們「腦部變發達」是從小所累積日常訓練的結果，並不是光靠天分。運動和唸書也是同樣的道理。

具備「可塑性」是腦部的特徵之一（45頁）。所謂的可塑性，意即「讓自己產生變化的能力」不論成人或兒童的腦，都具備同樣的性質。

年齡愈小，腦部愈容易改變、成長與獲得能力，這雖然是不爭的事實，但即使是老人家，只要持續學習，腦部還是會成長。

精細動作的能力容易進步的三～五歲，好好把握這段期間，開始學習樂器或運動。不過，即使過了這段時間，只要持續學習，腦部還是會成長。

希望各位能記住這兩點。

養成絕對音感、相對音感的方法

在三～五歲開始學習樂器，還有其他好處。也就是可能比較容易養成絕對音感和相對音感。

從腦科學的觀點來看，之所以會有「音感一定要從小培養，長大就無法訓練」的說法，和聽覺的發展有關。

聽覺從出生後不久就開始發展，到了三～五歲已經發育完成，所以為了養成絕對音感，必須在聽覺的發展結束之前開始進行訓練。

不過，在腦中處理音樂和語言資訊的區域非常靠近，即使稍微過了這段時間，也可能獲得絕對音感。關於這點還有待日後的研究。

八～十歲：語言

「學英語要趁早」只是誤解

依照腦部的發育情況，「八～十歲是開始學英文的最佳時機」

語言的發展，在八～十歲達到顛峰。

在小學低年級之前，無論話講得再不通暢、辭不達意的孩子，到了十歲左右，表達能力就會突飛猛進，變得和大人一樣會講話了。

另外，孩子從這個階段開始，也能掌握用字遣詞和語氣的差異，對老師或長輩講話時有禮貌。

以外語的學習而言，是否有把握語言能力整體大爆發的八～十歲，無疑會成為很重要的轉捩點。

在八～十歲之前曾經住在國外，或者積極加強英文聽力和口語練習的孩子，日後自然能夠培養出堅強的英文實力。

話說回來，我們上一輩的英語教育，都是等到上中學才首度接觸，而且學習內容以文法為主。因此很多人為了學英文而吃足苦頭也不足為奇。原因很簡單，因為到了這個年紀才學，已經錯過最容易學習發音和語言能力的黃金時期。

如果等到成人才想要把英語能力提升到近似雙母語的程度，需要多付出好幾倍的時間與心力，由此可見開始接觸英語的時間點的重要性了。

有關幾歲開始學英文，日本的主流已經改成十歲左右。我想日本文部科學省的政策決定，和腦部成長的時間有關（如果能夠再提早兩年就更好了）。

尤其是為了提高聽力和口語能力，我衷心建議從八～十歲，也就是語言能力發展的巔峰期開始學。

「從零歲開始學英文」是為了孩子，還是為了父母？

不過，有關英語教育，我聽過有人提出「超早期教育」的理論。有些人認為「英文愈早學愈好」，所以主張「從零歲就應該上英語教室」。

接受超早期教育的孩子，確實有很多人能說一口流利的英語。

不過以長遠的眼光來看，「超早期教育」實際上具備多大的意義，目前仍是未知數。換句話說，是否能得到與付出的時間和金錢成正比的效果，其實要打上問號。

僅是浪費時間和金錢還算小事，家長在腦部尚未完整建立語言能力的網路的情況下，半強迫孩子學習英語，可能會讓孩子承受不必要的壓力。

詳情我之後還會說明，總之，成長期的壓力和成人感受的壓力不同，有時候會成為阻礙成長的主要因素。

綜合上述因素來看，即使抱著「希望孩子將來能開口說英語」的期望，但與其把時間花在「超早期」的英語教育，我覺得不如投資在「音樂」，效果更好。

因為擁有音感、韻律感、運動能力，語言能力的基礎才算是大功告成。

十歲～青春期：社會性・溝通能力

「與不同的人接觸交流」最重要的時期

小嬰兒彼此很少玩在一起

到了青春期，腦部的某些部分終於進入了顯著的成長期。

也就是和溝通與人際關係有關的部分。

當然，這方面絕非在青春期到來之前毫無成長。

出生後，小嬰兒和媽媽就立刻展開溝通。溝通的對象也陸續拓展到家人和朋友。不過在十歲之前，孩子的溝通對象僅限於一定的範圍。

舉例而言，一～二歲的小朋友，即使和同齡的孩子處在同一個房間，也不會玩在一起。大多數的小朋友都是各玩各的。

原因是年紀還很小的孩子，尚未培養和周圍廣泛交流的能力。

上幼稚園和小學之後，孩子可以透過集體生活逐漸發展出社會性，不過發展到媲美成人程度的年紀大約是十歲以後的青春期。到了這個階段，腦中掌管溝通的部分才會成熟。

但是，最近我發現即使小學生們結伴到公園玩，彼此卻不聊天，而是各自拼命玩電動。這段時間明明是發展溝通能力的大好時期，卻就此白白錯失，實在非常可惜。

和朋友一起玩、參加社團活動切磋較量、和家裡附近的大人或年紀比自己小的孩子聊天互動，都是磨練溝通技巧的重要機會。

時下的小男生幾乎人手一台遊戲機或手機。想到男孩子的溝通能力通常遜於女孩子，我認為家裡有男孩的父母，應該刻意替孩子製造與其他孩子交流的機會。

尤其是小學高年級到中學這段時間，更應該製造機會，讓孩子接觸各式各樣的人。

求職最受重視的首要條件是「溝通能力」！

和其他能力一樣，過了十四歲以後，想要加強溝通能力會變得事倍功半，而且也必須承受精神上的壓力。

根據二〇一六年日本經濟團體聯合會（經團聯）對「應屆畢業生錄用（以二〇一五年四月進公司的新進員工為對象）」進行問券調查後的結果，發現「溝通能力（85．6％）」已經連續十二年蟬聯「企業甄選員工最重視的部分」的榜首。

包括排名第四的協調能力（46．3％）等，我們不難看出企業對溝通能力的重視程度。換個角度來看，或許這也意味著具備良好溝通能力的人並不多。

企業甄選員工，特別重視的能力

第 1 名	溝通能力	85.6%
第 2 名	主體性	60.1%
第 3 名	挑戰精神	54.0%
第 4 名	協調能力	46.3%
第 5 名	誠實性	44.4%
第 6 名	責任感	27.4%
第 7 名	邏輯性	27.2%
第 8 名	潛在的可能性（潛能）	20.8%
第 9 名	領導能力	20.5%
第 10 名	變通性	16.8%
第 11 名	創造性	14.2%
第 12 名	職業觀．工作態度	14.1%
第 13 名	信賴性	12.5%
第 14 名	專業度	10.7%
第 15 名	一般常識	8.0%
第 16 名	語言能力	5.4%
第 17 名	學業成績	4.8%
第 18 名	畢業的學校	3.0%
第 19 名	道德觀念	3.0%
第 20 名	感受性	2.3%

出處：摘錄日本經濟團體聯合會（經團聯）對「有關應屆畢業生錄用（以 2015 年 4 月進公司的新進員工為對象）進行問卷調查的結果」的排名前 20 名

相較之下，企業對語言能力的重視程度僅有5.4％，對學業成績的重視程度也只有4.8％。

孩子在十～十四歲這段時間，或許為了準備升學考試或應付課業而焦頭爛額。另外，因為進入反抗期，變得不想和外人接觸的情況也不在少數。

但是，在青春期間，讓孩子具備與他人互動的良好能力，和孩子日後努力所獲得的技能相比，對將來的就業無疑會發揮更大的影響力。

「成長期的腦部」到底發生什麼變化？

青春期的腦部有什麼變化？和之前各種才能明顯容易進步的階段有什麼不一樣呢？為了得到答案，必須從腦醫學的觀點來談。

腦部具備明顯的「成長轉捩點」

孩子的能力何時最容易突飛猛進，依照腦內被稱為「神經元」的一種特殊細胞，彼此連接的方式決定。所謂神經元之間的連結方式，也就是我在36頁已經介紹的「腦部網路」。

我們的腦部活動，包括透過「見、閱讀、聽」等得到的資訊和「運動、思考、感受、記憶」等活動，都是透過神經元之間的連結，傳送到每一個腦部負責處理的區域。

本書第1章已提過，在此複習一下，若用「道路」比喻腦部的網路，成形的順序是：

①一開始儘量開拓許多道路，愈多愈好。

②實際運用看看。

④不斷消除不用的道路。

也就是一開始要多在腦中開拓資訊通過的道路。這個步驟將會從出生一直持續到大腦發展至某個階段為止。

到了一定的時期，道路會展開整理工作。第1章只簡單說明「消除不用的道路」，事實上，拓寬常用的道路，把它修整成像高速公路一樣的作業也會同時進行。

我在36頁已經介紹了美國華盛頓大學的派翠西亞・卡爾教授的研究。進一步探索卡爾教授的研究，出生後六～八個月為止，不論什麼語言都聽得懂的嬰兒的耳朵（腦），到了十～十二個月大，就變得不容易聽懂母語以外的聲音。但相對的，他們對母語的聽解能力

一直沒有使用的「腦內道路」，不久之後會被拆除！

也呈現顯著的進步。

以在日語環境下長大的小嬰兒為例，雖然他們從某個時間點開始不容易分辨R和L的差別，卻能夠清楚分辨日文らりるれろ（la, li, lw, le, lo）的發音。

如果平時只用得到日語，根本不需要可以區分R和L的能力，強迫腦部辨別兩者的不同，等於是做白工。前面提到的整修道路，目的便為了避免無謂的浪費，以提高腦部的運作效率。

在英語環境下長大的小嬰兒，情況剛好相反。

聽到我這麼說，或許有人反而產生這樣的想法「為了讓孩子能夠分辨R和L的不同，更應該從零歲開始學英語」。

不過，我還是要再次強調，在這個階段其實不必對英語的發音太過執著。

事實上，即使是來自英日雙母語家庭的孩子，也會以其中一種語言打下口語根基，例如「在家都是講日語」的情況就不在少數。

能夠成為雙母語者，意味著能夠用兩種不同的語言理解某種概念，相反的，則有人詬病雙母語者對兩種語言的認識都不夠深入，很容易淪為半吊子。

與其如此，我認為不如讓孩子多接觸音樂來磨練耳力，一來不會造成孩子負擔，對培養腦力而言也可提高整體上的助益。

為什麼每一種能力適合學習的時間都不一樣？

孩子的能力依照視覺和聽覺（零歲～）→運動（三～五歲）→語言（八～十歲）→溝通能力（十歲～青春期）的順序發展。乍看之下似乎沒有一貫性。

不過，從腦部成長的觀點來看，我們可以看出它的規則。

或許已經有人看出端倪來了。沒錯，腦內的道路建設（腦部發展），是從「後腦部往前腦部發展」。根據我們的研究，目前已證實「腦部的發展是從後腦開始」。

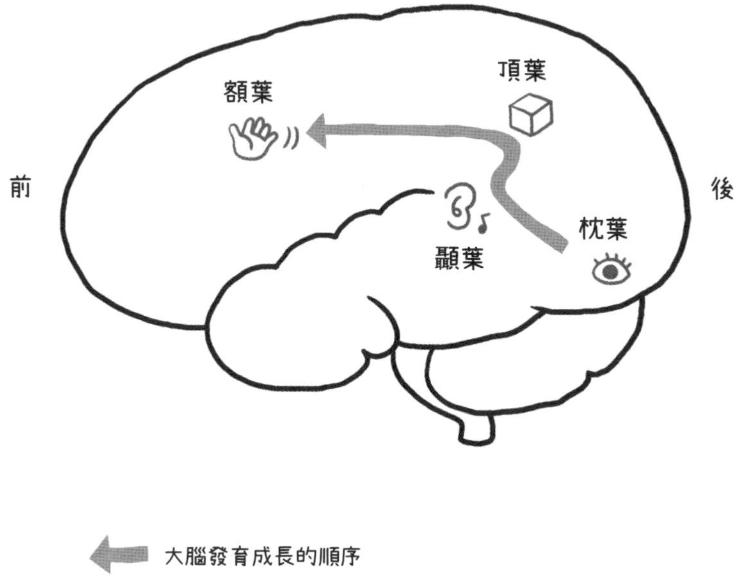

腦部從後腦開始發展

出生後立刻發展的是位於頭部後方的「枕葉」。這個部分負責的機能是「識物」。剛出生時，僅能分辨「明亮或黑暗」的小嬰兒，在出生一～二個月之後，就可能辨識形狀和顏色。「追視」一般從四個月大左右開始發展，意即視線可以跟著會動的物體移動。嬰兒差不多從滿六個月大開始認人，是因為此時已能夠區分媽媽和其他人的臉。進小學之後，視覺還會不斷繼續發展。

同一時期發展的領域還有「顳葉」，負責的機能是「聽聲」。會發出聲音的玩具能引起小嬰兒的興趣，但這並不表示他從胎兒時期就具備像成人一樣的聽覺。

剛出生的嬰兒聽得到很大的聲音，但是要能夠分辨不同的聲音，需要等到出生滿六個月。

另外，能夠理解到自己聽到的聲音是語言，則是在九～十二月大。這個時期，稍微和剛才提到的「對母語的聽力大為提升」的時期重疊。

語言的判別力發展之後，接著是位於顳葉之中，掌管「記憶」的部分開始發展。嬰兒開始記住在此之前，僅能「聽得出差異」的語言，並且講得出「媽媽」「喝奶」等常用的單字。

如同上述，即使同樣位於腦部，每個區域的發展都必須按照一定的順序。

其次發展的區域是「頂葉」。位於頂葉的「感覺皮質區」掌管手的觸感和溫度感覺，「運動皮質區」則掌管身體的動作。

感覺皮質區成長後，嬰兒的五感當中，來自皮膚的感覺會變得敏感。換言之，他們對力量的掌握能力變強，可以決定自己要採取什麼行動。

運動神經在此時也大有進展，讓嬰兒變得愈來愈有活動力。嬰兒經歷翻身、學坐、爬行，最後能夠站立等一連串運動神經逐漸發達的過程，不只是肌肉的刺激，也會刺激腦部。

把從三歲左右開始的精細運動的發展期，視為「頂葉」成長的延長也未嘗不可能。

最後發展的部位是「額葉」。目前已知，額葉負責「高級認知機能」的「前額葉皮質區」是人類大腦最晚發展的區域。

所謂的高級認知機能，包括思考、判斷、計畫、下決定、洞察、溝通。其中也包括：

「勉強自己去做不想做的事」。

「不做被禁止的事」。

前額葉皮質區的發展會持續發展到二十歲之前。換句話說，孩子在上小學之前，高級認知機能尚未充分發育。

上國中之後，必須準備升學考試，雖然這也是訓練孩子的計畫性、思考能力和忍耐力的大好機會，但是每個孩子的成長進度不一樣，或許對某些人而言會成為過高的門檻。

另外，前額葉皮質區發展後，人類就可以發揮「體貼」「細心」的精神，建立更深度的人際關係。

小孩子可以若無其事地做些看在大人眼中屬於「殘忍」的行為，例如用腳把蟲子踩爛、活埋螞蟻窩等，但是到了前額葉皮質區發展以後，他們就會在短時間內學會正確對待生物的方法。這點也算是這個時期的特徵之一。

前額葉皮質區是腦部最後發展的區域，但目前已知，它也是腦部最早開始萎縮的部位。

失智症的患者一發病，首當其衝的便是高級認知機能，因而造成與人的溝通、對事物的判斷和記憶會出現障礙。

另外一方面，識物、聽聲等能力，可能因為眼睛和耳朵老化而每況愈下，但腦部也發生變化則是很久之後的事了。

因為腦部從後往前發育，卻是從前往後開始崩壞。

腦部發展和「對事物的好惡」

「在孩子的好惡心萌芽之前，趁早撒下好奇的種子」，正是買圖鑑給孩子要把握的重點。

「喜好與厭惡」的感情，由位於腦部深處的「大腦邊緣系統」掌管。大腦邊緣系統又稱為「哺乳類的腦」，是所有的哺乳類在進化的過程中都具備的部分。

狗和貓，當然也具備大腦邊緣系統。不管是狗還是貓，只要養幾隻當作寵物，養了一段時間，就會發現牠們在家裡也有特別喜歡待的地方和家中成員。例如牠們對負責餵食的人特別有感情、討厭會拉自己尾巴的小孩子、最喜歡賴在軟綿綿的靠墊上等。

如同上述，即使是動物，當牠處於後天的環境，同樣會產生「喜好與厭惡」的感情。

大腦邊緣系統在嬰兒腦部發展的時間和其他區域比起來算早，大致上會比枕葉稍微晚一點。

所以我才會向各位說明不論是圖鑑或樂器，最好在三、四歲之前讓孩子接觸。

當然，除了圖鑑和樂器，如果父母本身有強烈的意願「一定要孩子愛上〇〇！」，也可以在不造成孩子負擔的前提下，提早讓孩子接觸。

第4章

父母必修課！讓孩子擁有「聰明頭腦」和「健全身心」

正值成長期的孩子，父母所能做的「最重要的事」

為了教出「聰明的孩子」，父母的責任是什麼？

如果從腦醫學的觀點來看孩子的成長，不難發現父母有兩個很明確的職責。第一是「撒下好奇心的種子」，第二是在孩子發展迅速的時期，「在背後支持孩子」。

父母在背後支持的「好奇心」，對孩子而言是珍貴的資產。對孩子的助益，想必一生都能夠受用。

如果父母決定讓孩子接觸圖鑑，請在孩子的喜好產生之前，多準備幾種不同的圖鑑。

在精細動作的能力發展時期，讓孩子經歷各種體驗，找出孩子感興趣的樂器或運動。

為了引起孩子的興趣，最好的辦法是父母以身作則，先做給孩子看。

我認識有位母親在決定讓孩子學習一項才藝之前，會先讓孩子體驗十種以上。即使無法做到這種程度，但是為了找出孩子的興趣所在，多方嘗試確實是有益無害。

如果發現讓孩子全心投入的事物，請父母全力支持，讓孩子「盡情做自己想做的」。所謂的支持，可以是父母替孩子解說圖鑑的說明，或者不辭辛勞，接送孩子上下才藝班。

重點是不要擺出「強迫參加」的態度，而是用鼓勵的方式，讓孩子可以持之以恆。

讓孩子產生「爸爸和媽媽都很支持我」的感受，相信孩子即使不需大人催促，也能主動做喜歡的事。

希望孩子成為雙母語，給家長的建議

聽到我說要配合腦部發育的時機，更有效率的提升孩子的能力，有些家長可能會開始擔心：「我家的孩子已經超過三歲了，現在學樂器是不是來不及了。」

「過了十歲才讓孩子學英語，效果不大了吧。」

即使孩子已經過了最適合的年齡，也請不要就此放棄。

因為不論從幾歲開始，腦部只要接觸新的資訊就會產生反應，不斷成長。

正如我前面已經說明，孩子的腦一開始會製造出許多道路，接著把常用的道路開拓成高速高路，不用的道路消除，以便於讓能力不斷提升。

此外，類似腦部在兒童時期產生的變化，不論到幾歲依然會發生。不論成人或老人都沒有例外。

所以，即使長大了才開始學英文，只要努力還是學得會。

只不過效率當然不一樣。可塑性（45頁）有其範圍，年紀愈大會變得愈小。

如果目標是從小就讓孩子學英文，以便達到媲美母語的程度，腦本身會在「最適合」的時期爆發性的吸收英語，所以學會的時間相對而言比較短。感覺就像順水推舟，前進的速度快上加快。

相對的，過了青春期才開始學英語的人，感覺似乎是逆水行舟。想要前進需要不斷划動，但「努力划還是會前進」的事實不會改變。

滑雪也是一樣的道理。很多四、五歲的孩子可以輕鬆學會犁式直滑降（滑雪板的後端呈V字形展開旋轉的技術），但如果是成人要學，必須練習至一定程度才能夠上手。

但是，只要不放棄，幾乎所有的人都學得會。

雖然說熟練的速度不一樣，但不論到幾歲，能夠培養新能力的原則不變。我覺得這點聽起來就像作夢般不可思議。因為只要我們不放棄，腦就會繼續成長。

既然大人都是如此，更何況只是晚了幾年的孩子呢。所以根本不需要放棄。十歲才開始學鋼琴也好，或者十五歲才開始接觸桌球也罷，通通沒有必要嫌晚。

如果十歲才開始學鋼琴，卻以成為世界一流的鋼琴家為目標，唯一的辦法是需要投入更多時間苦練；十五歲才接觸桌球的青少年，如果以在奧運奪得金牌為目標，或許是不切實際。不過對大腦而言，這些投入的心力並不是無謂的浪費。因為從開始學習新事物的當下，腦部就會開始為了獲得新的能力而成長。

「學會但沒學會」也會成為孩子的資產

另外還有一件事，是父母讓孩子學習才藝時常有的煩惱。

「都花錢讓他上課了，可是學不起來，一下子就說不學了。」

每次聽到有家長這麼反應，我的答覆都是「這樣也沒關係啦」。家長不必覺得失望。因為即使只學了一兩年，這段經驗在往後一定有派得上用場的時候。

以鋼琴為例，或許會發揮在「沒想到對英文的聽力有幫助」。也可能是韻律感變得比較好。甚至可能在長大成人之後，某天又突然重拾對鋼琴的興趣。

對我來說，我覺得「長大之後，重拾小時候學過的才藝」這件事很重要。長大之後，想要培養之前從未嘗試過的事物當作興趣嗜好，難度出乎意料的高。相反的，那怕只是在小時候學過一兩年，長大之後哪天會重拾興趣的機率很高。成年之後維持興趣，一來能擴大交友圈，二來還能降低罹患失智症的風險。

我自己目前的最愛是鋼琴，每天都會抽出時間敲敲琴鍵。沒錯，鋼琴也是我小學的時候稍微學了一陣子，沒多久就放棄的才藝。現在我重拾鋼琴，不僅自己樂在其中，也能鼓勵兒子與音樂多親近。

我這個情況，稱得上是以自己曾經學過的才藝，與兒子的成長結合吧。

正在閱讀本書的各位讀者，如果你們以前也學過什麼樂器，要不要也在家裡也試著重溫舊夢呢。

獨生子女好？還是有手足好？兩者各有優缺點

如何培養獨生子女的好奇心？

培養孩子的好奇心——只要掌握訣竅就不會太難，但實際執行起來，還是需要一點時間才能看到成效。

孩子到底對什麼有興趣、興趣適合發揮在哪一方面、有哪些專長。如果不希望錯過黃金時期，能夠讓孩子如魚得水的發揮自己的才能，父母一定要仔細觀察自己的孩子。

就這點而言，我覺得身為獨生子的孩子無疑佔了很大的優勢。

如果只有一個孩子，父母能夠全心關注，幫助孩子的好奇心萌芽。這是為人父母的對子女表達的關愛。

至於擁有兄弟姊妹的孩子，社會性的發展確實較早，也具備協調性和懂得忍耐等特質。不過，這部分的能力要等到青春期左右才會正式發展。換句話說，孩子在學校便可發展。

如果家裡只有一個孩子，父母可以抱著這樣的思維。

如何讓有手足的孩子提升好奇心

相對的，不是獨生子女的孩子，當然也有提升好奇心的機會。

孩子對某項事物的興趣很容易讓其他手足也受到感染，而且若以手足當作比較對象，父母能夠清楚掌握孩子對哪方面有興趣，對哪些興趣缺缺。

缺點是，由於父母對每個孩子能夠分配的時間會減少，所以，父母可能會有看走眼的時候，或許錯失了讓孩子獨一無二的好奇心萌芽的可能性。我認為這點也是不爭的事實。

經過上述的分析，我相信各位都能一目瞭然，認識到不論是不是獨生子女，在提升好奇心方面都各有其優缺點。

請家長們依照目前所處的狀況，想想自己能替孩子做什麼。

我們做父母的應該要努力，但不要太過勉強自己。

我認為保持這樣的態度，是可以讓孩子成長得更順利的秘訣。

未來的夢想——孩子能夠「超越父母」到什麼程度？

「能夠實現夢想的孩子」具有共通點

在父母的栽培下，具備豐富的好奇心的孩子們，想必都會身懷遠大的夢想。例如：

「我想當飛行員。」

「我想當足球選手。」

「我想當醫生。」

「我想當甜點師傅。」

「我想當偶像。」

這時候，大人常常會發出這樣的感嘆「什麼時候你才能訂下腳踏實地的目標啊。」「居然抱著這樣的夢想，果然還是孩子啊。」其實，孩子目前所懷抱的夢想，正是能拓展好奇心的關鍵呢。

知道孩子未來的夢想，請家長陪伴，讓孩子有機會體驗自己憧憬不已的職業吧。先不管孩子以後會不會真的走上這一行，請讓孩子現在的興趣，能夠盡情發展。

如果孩子說想當飛行員，除了買和飛機有關的書籍和圖鑑，最好也帶著孩子實際到機場走一趟，實際看看飛機的起降。

利用暑假等空檔，計畫需要搭飛機的旅行，或者安排參觀工廠的行程，對孩子而言是更強烈的刺激。若能去飛機工廠參觀，可以學習飛機的構造，說不定會讓孩子改變志向，以後想從事與飛機相關的工作。

大人只要簡單告訴孩子如何追夢，例如「如果你以後想當飛行員，你必須……」，如此能激發孩子對各種事物都想嘗試的念頭。

如果孩子以當甜點師為目標，或許爸媽可以和孩子一起挑戰親手製作糕點。

料理包含許多數學和化學方面的元素。首先要用磅秤精確量出每一種材料的份量。另外，如果製作的份量要增加為兩倍，意味著每一種材料都必須「×2」，自然會增加與數學打交道的機會。

烤餅乾時會用到的小蘇打粉（膨鬆劑），作用是產生二氧化碳，好讓麵糰變得膨鬆，這部分也牽涉到化學的領域。

看到孩子歡呼「哇，餅乾膨脹了！」家長可以趁機告訴孩子「餅乾為什麼會膨脹呢，答案在我們上次一起看的化學圖鑑裡找得到喔」。

若能與圖鑑結合，想必孩子的興趣會變得更強烈。

孩子抱持的「夢想」會一直延伸到「無涯的學海」。

最後贏得勝利的是「有自信的孩子」

另外，得到父母支持的孩子，對自己會產生信心。而且能夠得到主動朝目標努力邁進的力量。例如期中考快到了，孩子會自動自發溫習課業，因為孩子會產生這樣的自覺「為了以後成為飛行員，現在要考出好成績才行」。

相較於被父母要求「下次期末考一定要考好」才唸書的孩子，兩者的動機高下立判。身懷夢想的孩子「我將來要成為〇〇」，也會朝著自己的夢想努力。不論目標是運動選手還是偶像歌手或其他行業都好。朝自我夢想向前邁進的經驗，即使最後並沒有實現，也絕對不是無謂的努力。

腦部會受限於「遺傳特質」嗎？

大致而言，腦部的發展有七成左右取決於遺傳。

聽我這麼一說，或者有些人已搶先做出結論：

「我們家的小孩好像沒什麼藝術天分。大概是遺傳我吧，因為我也沒有。」

「我們家都是念文組的，所以我還是別奢望他會當醫生吧……」

不過事實絕非如此。

每個腦部的區域受到遺傳影響的程度不一，目前已知的是，大腦和學習、技能、思考愈密切的部分，愈不容易受到遺傳影響。

如同我在124頁已經說明，腦部基本上是從後腦往前腦發育。發育愈早的部分，愈容易受到遺傳影響。

例如出生後立刻發展的「枕葉」。也就是負責「識物」的領域，研究顯示這部分有八〜九成受遺傳影響。

位於「顳葉」的「聽力」領域，有一部分會在出生後立刻發展，同樣受到遺傳的影響很大。

另外一方面，負責「高級認知機能」、位於腦部前方的「額葉」，也就是我們在正常狀態下所表現出的「思考、判斷、計畫、創造、溝通」等能力，則是較晚發展，直到進入國中還繼續成長。這個部分受環境的影響不小，可說和遺傳的因素各佔一半。

關於學校作業或考慮未來出路時，和成果好壞最息息相關的部分則是前腦的「額葉」。

這個部分的發育是否良好，深深左右孩子往後的自我實現。

從上述說明我們可以知道，父母的「頭腦好壞」，對孩子的影響不大。說得武斷一點，不愛念書，學校成績向來是「滿江紅」的父母，即使生出每一科都拿優等的秀才型孩子也不足為奇。

當然，好竹也可能出歹筍。

從遺傳的觀點來看，「只要爸媽成績優秀，孩子的成績也不會差到哪去」，這種保證根本不存在。

孩子的才華是更上一層樓，還是原地踏步？取決於父母

「父母收入決定孩子學歷」此說法是真是假

許多以父母年收入和孩子學歷的關係為主體的調查都顯示出「父母的年收入愈高的家庭，孩子的成績愈優秀」。不過我認為父母的收入多寡對孩子成績的影響力，應該比不上「讓孩子歷經的各種體驗」。

如果不會對家計造成負擔，孩子不論要學音樂或體操都不成問題。體驗的多寡和好奇心的增減會成正比，進一步延伸的話連學歷都會拉開差距。或許這種情況確實存在。

不過，最重要的本質在於「好奇心的強烈程度不一樣」。若能透過才藝以外的事物，讓孩子的好奇心得到充分的發展，自然就能得到好成績，和父母的收入多寡無關。

只要掌握這個重點，即使不花錢，父母還是有很大的空間可以提升孩子的好奇心。

若有家長抱著「我們家的孩子只要達到這種程度就足夠」的想法，請現在就拋開吧。

遺傳與環境——哪個影響力比較大？

如果孩子立志要走上藝術的路，您會怎麼想？

即使父母本身缺乏藝術天份，並不會影響孩子的未來。因為擁有好奇心的孩子，能夠青出於藍勝於藍，讓自己的才能不斷開花。

舉例而言，千住博是日本知名的畫家。他的弟弟千住明是作曲家，妹妹真理子是小提琴家。個個都是活躍於世界的藝術家。那麼他們的父母呢？

千住家的父親是工學博士，母親是研究學者。

我以前看過千住博在電視節目中透露，他小時候很喜歡把家裡的牆壁和紙門當作畫布，在上面隨心所欲的畫畫。母親沒有罵他，反而一口答應讓他把牆壁和紙門當作畫布。母親的態度讓他得以保持好奇心持續作畫，最後終於達到才華茁壯開花的境界。我想這是個很有說服力的例子。

儘管父母本身的專業都和藝術沾不上邊，但是家裡卻培養出三個都在藝術方面大放異彩的孩子。從這點應該可以充分證實，父母讓孩子從小生長在好奇心能夠盡情發展的環境。

如果孩子的興趣是運動等肌肉骨骼和身體方面，表現出色與否，或許有一定程度會受到遺傳影響。雖然只能儘量釋懷，但大多數的能力都是仰賴後天的培養。

兄弟姊妹要引導而不是比較

如何看待「兄弟姊妹之間的能力差異」？

前面既然提到親子的腦部遺傳，接著順便談談兄弟姊妹的腦部差異。就像親子和手足之間的外表有相似之處，兩者的腦部形狀也很像。

我曾經看過一對父子的腦影像。看了之後的感想是「不愧是父子，果然很像」。兄弟也一樣。不過，和細微的要素相比，應該說相似的是整體的架構。

如果以汽車當作比喻，就像相較於BMW，豐田Prius的整體狀況比較接近豐田AQUA。

乍看之下，雖然兩者的整體狀況差不多，但是仔細觀察，一定可以發現兩者的零件和設計都不一樣。

例外是同卵雙胞胎。同卵雙胞胎的基因是一樣的，腦部的設計圖也如出一轍。但是，如同之前的說明，腦部成長的進度，會依照生長環境和好奇心而改變。所以，即使是具有相同腦部設計圖的同卵雙胞胎，隨著成長經歷的不同，兩個人各自具備的不同特徵，也會變得愈來愈明顯。

如果是兄弟姊妹，隨著在家中排行次序的不同，所處的環境也會產生很大的差異。例如，父母第一胎「照書養」，到了第二胎、三胎以後，已掌握育兒的要領，所以懂得適度放輕鬆。

孩子在家中的排行次序無法改變。像這類出生便已註定的環境因素，一視同仁地存在於每個孩子身上。有些家裡不只一個孩子的父母有時候會發出感嘆「我用同樣的方式教育他們，哥哥很優秀，但弟弟卻差強人意……」

其實，兄弟就算具備相似的特質，但是腦還是不一樣，所以表現也會有落差。

基本上，既然先有「兄」與「弟」的差異，嚴格講起來，就不可能是「以同樣的方式教養長大」。況且，考慮到腦部設計圖和生長狀況的差異，即使抱著「以同樣的方式教養兩兄弟」的打算，兩個孩子的能力還是不可能一模一樣。

如果讓家裡的每個孩子能夠適性發展，與生俱來的能力應該能得到更大的發揮。

我認為仔細觀察孩子是父母的責任，除了掌握孩子對哪個領域有興趣，也必須思考該怎麼讓孩子的好奇心持續得到發展。

或許這句話不是很客氣，不過孩子的能力能夠發展到什麼程度，取決於「父母的態度」。只要找出適合孩子的方法，就能讓孩子的實力更上一層樓。

因此，幫助孩子找到有興趣的領域很重要。

「成長速度」和「頭腦好壞」沒有關係！

孩子的能力並不是愈早發展就愈好。舉例而言，不少媽媽似乎都有這樣的煩惱。

「姊姊兩歲就會開口講話了耶，可是……」

「他的幼稚園同學都已經會做什麼什麼了。」

尤其是姊弟組合的家庭，如果拿弟弟的發展進度和姊姊相比，家長有時候難免會開始緊張。

其實擔心是多餘的。

腦部的發達速度因人而異，差別很大。

比方說同樣都是三歲開始學鋼琴的孩子，有人一學就進步神速，也有人一直學到四歲還是原地踏步。但是，後來才急起直追的孩子卻可能一步一步腳踏實地的走上鋼琴家的道路。反倒是一開始表現傑出的孩子，學沒多久就放棄了。很早就鋒芒畢露的人，不一定也具有過人的續航力。

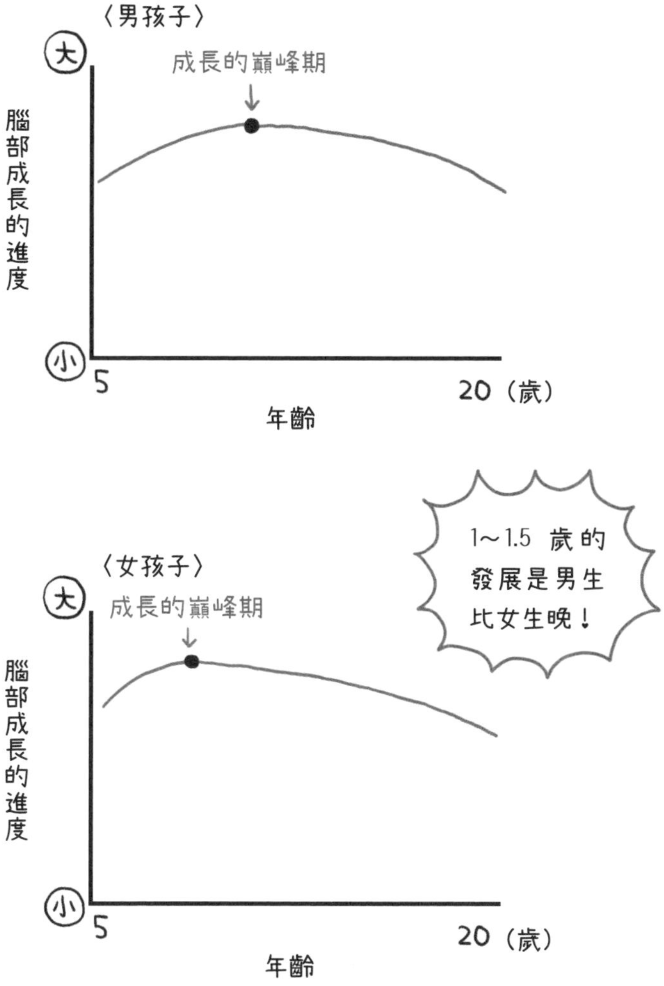

腦部成長的進度，男女有別

另外，腦部的成長與發展時期也有男女之別。以年齡來看的話，1～1.5歲這段時間，女生的發展比男生早。

雖然領先的程度依腦的部位有些差異，但腦部的發展和能力表現有直接相關，所以「即使是同一件事，男生會比女生晚1～1.5年才做得到」是理所當然之事。這點和天生的能力高低完全沒有關係。

明白這一點，父母心中的擔憂也能減少幾分。

男女腦部大不同

不只腦部的發展時期男女有別，其實腦部的特徵也有性別差異。

男孩子的腦會發展成男性的腦，女孩子的腦會發展成女性的腦。

女性的腦部特徵是掌管語言的「語言區域」廣大，男性則是掌管空間認知的「頂葉」

較大。

雖然這只是統計上的數字，不過對照女性喜歡講話，溝通能力強的比例較高，而男性較有方向感的事實看來，的確和腦部的特徵相當吻合。

如同上述，腦部的成長速度和發展風向隨著性別和環境而異，所以拿自己的孩子和其他孩子比較，讓心情跟著起起伏伏「我們家的孩子和別人家的孩子比起來……」「老大和老二比起來……」，其實沒有太大的意義。不如把心思放在如何提升孩子的好奇心和幫助孩子成長得更好。

講個題外話，其實只看腦的某個部分，從影像就可以判別是男性的腦還是女性的腦。判斷是依據連接左右腦部的胼胝體。女性的胼胝體較為厚實，形狀渾圓，而男性的胼胝體則較為扁平細長。

不過，胼胝體形狀的差異與性別差異、能力的相關程度，目前仍是未知數。

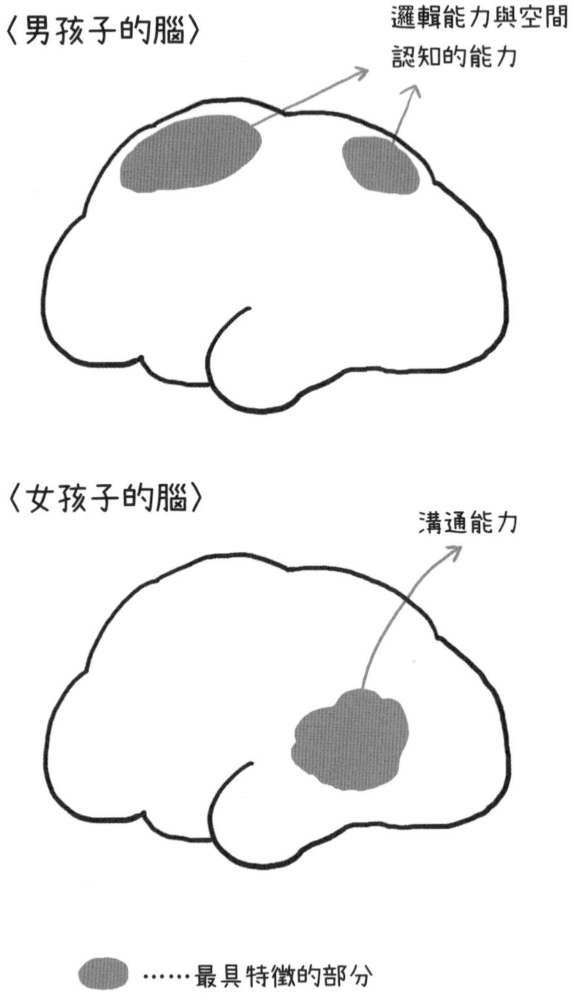

腦部的發展方式也是男女有別

第5章

自動提升大腦成長速度，最該養成的生活習慣！

值得推薦的生活習慣
如何養成「碩大健康的海馬迴」

「每天都吃早餐的孩子，學習能力比不吃早餐的孩子高」。英國卡迪夫大學最早進行這項研究，此外，根據世界眾多的機構所進行的同樣調查，已經證實上述說法為明顯的事實。

不僅限於有沒有吃早餐，睡眠、運動、學習、日常和別人的對話等，都會對我們的腦部產生影響。

與好奇心的有無無關，腦部在某些條件下，功能會受到影響。

說到左右腦部功能的因素，簡單來說就是腦部的狀況。

頭腦好的孩子，大多保持能讓腦部處於良好狀況的生活習慣，相反的，表現差強人意的孩子，大多是受到生活習慣所影響，導致腦力無法充分發揮。

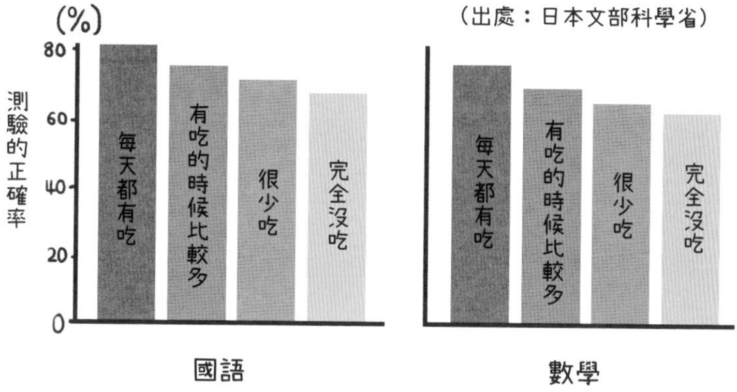

小學六年級學生的學習能力和吃早餐的頻率

如果父母發現孩子目前的生活習慣，對腦部會造成負面影響，只要從今天起逐漸調整，就能夠改變能力的提升效率。

從閱讀圖鑑和學習才藝所得到的「刺激」，可以把腦部調整為反應更敏銳、更容易成長的狀態。

本章要介紹的主題是，能夠調整孩子腦部狀況的生活習慣。

睡眠不足會導致腦部逐漸萎縮

孩子每天應該睡多久對腦部成長最好

對孩子的腦部發育而言，最不可欠缺的條件是「充分的睡眠」。日本有句流傳已久的諺語「睡得飽的孩子會聰明」，堪稱描述腦部的最佳寫照。事實上，透過最近的研究，已經證實相當於腦部指揮官的「海馬迴」，其成長進度深受睡眠長短影響。

位於人體腦部的神經細胞，基本上從出生到死亡為止，始終呈現不斷減少的狀態。只有海馬迴是唯一的例外，會不斷製造新的神經細胞。透過最近的研究得知，海馬迴的生長速度會受到環境和生活習慣左右。

〈從大腦底部往上看〉

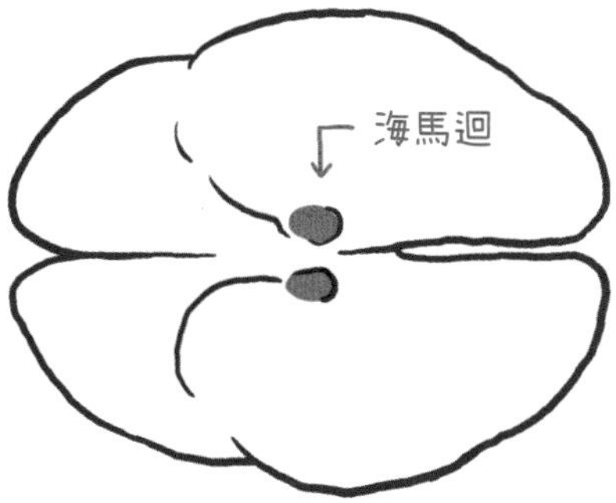

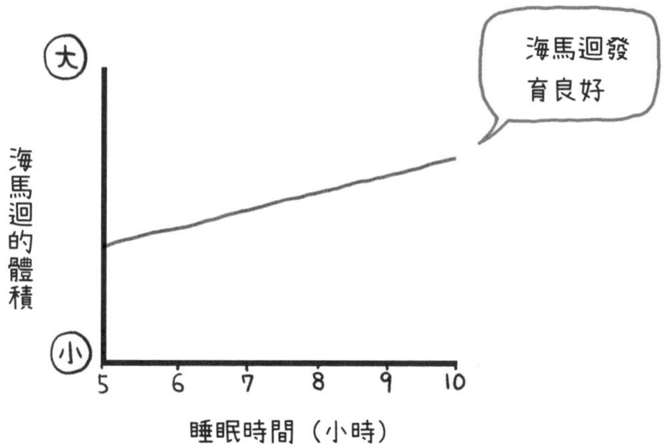

海馬迴的成長狀況（≒頭腦好壞）與睡眠時間

此外，從腦影像的解析資料得知，和長期睡眠不足的孩子相比，睡眠充足的孩子，不但海馬迴的體積較大，基本記憶力也更為優秀。

睡得愈好的孩子，海馬迴發育得愈好；睡太少的孩子，海馬迴不會長大。最主要的理由應該是壓力。

即使自己渾然不覺，短時間的睡眠，對身心都會造成沉重的壓力。換言之，只要陷入睡眠不足的狀態，就會導致海馬迴發育不良。

至於該睡多久才算充足，雖然是因人而異，不過美國睡眠醫學學會曾針對每個年齡層的建議睡眠時間，發表了一份資料。如左頁所示。

以一個六歲小朋友為例，假設早上必須七點起床，倒推回去，上床時間是晚上九點或十點。如果確實維持這個習慣，海馬迴就會順利成長。

這裡要特別注意的重點是「即使自己不覺得睡眠不足，也會阻礙海馬迴的成長」。

有些小朋友跟著父母一起晚睡，長久下來已經習慣每天晚上十一、十二點才睡。即使

每天建議睡眠時間

新生兒 （0～3 個月）	14～17 小時
嬰兒 （4～11 個月）	12～15 小時
幼兒 （1～2 歲）	11～14 小時
學齡前幼童 （3～5 歲）	10～13 小時
學齡期兒童 （6～13 歲）	9～11 小時
青少年 （14～17 歲）	8～10 小時
年輕成人 （18～25 歲）	7～9 小時
成人 （26～64 歲）	7～9 小時
高齡者 （65 歲以上）	7～8 小時

（出處：美國睡眠醫學學會／依照不同年齡層區分）

自己不覺得，但其實這樣的孩子已經陷入睡眠不足的狀態。

睡眠不足會讓腦部變得更不利於記憶和學習，也會讓海馬迴陷入可能無法順利成長的狀態。

事實上，根據日本厚生勞動省的調查，晚上十點以後才就寢的兒童年年增加，甚至已經有數據顯示每四～五名兒童，就有一名出現睡眠方面的障礙。

從睡眠不足的問題得到改善的當天開始，腦也恢復了應有的成長。如果各位驚覺家中的孩子有睡眠不足的情形，請從今天開始保持充足的睡眠時間吧。

孩子的體力雖然充沛，但也因為如此，不容易發現自己睡眠不足。因此唯有仰賴各位家長的監督。

不過，睡得愈久，海馬迴就長得愈大的原則也不是無限上綱。不論哪一個孩子，絕對不是讓他每天睡十五個小時就會變得很聰明。

如果睡眠時間太長，孩子會變得淺眠，半夜容易醒來，反而適得其反。

請依照孩子的年齡，保持適當的睡眠時間，太短或太久都不好。

孩子是否應睡午覺

家裡如果有體力充沛的小男生，到底該不該要他睡午覺，恐怕是許多父母的煩惱。因為如果在幼稚園睡午覺，晚上就不想睡了。

單純就腦的成長來看，睡不睡午覺關係不大。能睡的話當然好，但如果孩子不想睡也不必勉強。

不過，不論睡不睡午覺，午覺時間都不能太久，以免晚上睡不著。晚上的睡眠，除了關係海馬迴的成長，也是整理一天的記憶，幫助腦部紓解壓力的重要時間。

如果要讓孩子睡午覺，又想避免孩子熟睡，只要花點心思就可以解決了。例如縮短午睡時間、不要關掉房間所有的燈、不必因為孩子在睡覺刻意保持安靜等。

最好的午睡就是處於淺眠狀態，能夠稍微消除疲勞。

孩子如果晚上不容易入睡，父母更需要注意睡午覺的情形，必須讓孩子一夜好眠。

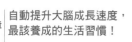

養成在睡前為孩子唸書的習慣，讓腦部更加靈活

我很推薦各位在晚上孩子就寢時，挑本書唸給孩子聽。除了當作親子互動的時間，還能促進腦部的發育，一舉兩得。

父母的聲音能帶給年紀小的孩子安全感，讓心情放輕鬆。所以只要在孩子睡前花點時間唸本書給孩子聽，通常能讓孩子安心入眠，順利進入夢鄉。

另外，從腦部活動的角度而言，能讓孩子的聽覺區域、視覺區域、語言區域等許多區域受到刺激。

父母唸書給孩子聽，對國小低年級為止的小孩子而言，好處並不是只有增加認識的詞彙。

除了學到詞彙的發音，插圖和文章也能刺激孩子的想像力，在腦中重現故事的場景和對話。或者從父母唸書方式和語調學會情感的表達方式，帶動腦部成長。

如果孩子在中途發問，父母願意每次停下來回答問題，是最好不過了。即使孩子的問

題脫離故事主題也無妨。因為讓孩子的想像力能夠成長更重要。

書的題材不拘，什麼樣的主題都可以。

我家的習慣是分成唸圖鑑和唸書給孩子聽兩個部分，基本上以圖鑑和繪本為主。圖鑑在我家並沒有受到特殊待遇，我們一樣把它和其他繪本並排在書架上，方便讓兒子能選擇自己想看的書。讓孩子選的書裡面，偶爾也會混入我太太書架上的詩集。

不管兒子挑的是哪一本書，我都是一視同仁的唸給他聽。有時候一本書會重複唸好幾次。只要是孩子感興趣的書，哪一種類型都可以。

以這種方式持續了一段時間，到了兒子兩歲的時候，曾經完整背出不過偶爾唸給他聽，而且是給大人看的詩。即使他不是完全了解每一句的意思。

我想他以後一定連自己曾經背下這樣的詩句都不記得。但是，當時驚訝於孩子深不可測的能力與無窮的可能性，至今仍讓我難以忘懷。

另外，持續「唸書給孩子聽」的習慣，我最近發現現在三歲的兒子，已經逐漸掌握形容詞和副詞的用法了。

他曾經背出書上的句子，不過遇到不是記得那麼清楚的詞彙，他就會把自己知道的詞彙套用進去。例如「紅花」會變成「藍花」、「你辛苦了」換成「你回來了」、「下次再來玩」換成「下次再來」還有「闖過原野」變成「越過原野」……。

看樣子，他已經自然而然的學會了什麼是同義詞和異義詞，也了解了抽象的概念。即使沒有特意教孩子文法，但透過唸書給孩子聽，就能涵蓋很大一部分的小學國語課的內容。

最近兒子變成非得讓我唸完三本書才肯睡覺，所以我只好拼命忍住睡意，乖乖唸完三本他指定的書。有一陣子，他每天晚上拿過來的都是同一本書，也曾經挑了十本書，跟我說每一本都是「下一本」。雖然唸書給公子的日子不是每天都很輕鬆，但是我可以從他挑選的書發覺他的興趣所在，全家也可以一起輪流發表對書的感想。所以這段在兒子就寢前唸書給他聽的時間，已經成為我每天感受到孩子成長的重要時間。

不論小考或升學大考，都能不斷吸收知識的方法

「成績好的孩子」都採用的學習法

等到孩子再大一點，就必須面對學校考試和升學大考。

考期逼近時，抱著「寧可少睡點，也希望孩子多花點時間用功，考得好成績」想法的媽媽似乎愈來愈多。

不過，就像我前面已經提過，睡眠不足是腦的頭號敵人。如果希望孩子得到好成績或考取心目中的第一志願，不如努力確保孩子有充足的睡眠時間，反倒是事半功倍。

掌管記憶的海馬迴，絕對不可缺少睡眠。簡單來說，不論花再多時間唸書，若睡眠不足還是記不起來。

「學習過的內容，在睡眠期間深植在腦部」。

這樣的腦部機制適用於大人，也適用於孩子。

了解這個機制以後，大家不難理解臨時抱佛腳的效率為什麼很差。因為花了時間唸書，但是卻留不住該記的知識，很快就忘個一乾二淨了。

把讀書效率提升到120％，僅需花幾分鐘的複習方法

接下來我要介紹各位一種從腦部機制為出發點的「效率絕佳的學習方法」。一旦了解腦部如何讓記憶固定下來的機制，自然找得到效率更好的學習方法。

如同前述，學習下來的內容會在睡覺時間保存在腦部。不過，這裡有一個很容易被忽

略的陷阱。

花費時間背誦需要記憶的科目，之後如果再做別的事，很容易忘掉剛才好不容易背下來的內容。

假設晚餐後，你先很用功的背好英文單字，接著看電視，然後上床睡覺。

結果，原本應該牢記在腦中的英文單字，被電視節目的內容攪亂，沒辦法順利保存在腦內。這就是「背過就忘」的原因。

如果希望學多少，記下來多少，唯一的辦法是背了以後，直接上床睡覺。如果真的很想看電視，記得在看完電視後，稍微複習剛才背誦的內容再睡。這就是提高學習效率的秘訣。

另外，如果一天要唸好幾科，最好把需要背誦的科目留到最後。

假設孩子從晚上八點開始唸書，唸到十一點，建議先準備數學等需要邏輯思考能力的科目。做了一段時間的數學題目會想睡覺，等到那時候再換成背誦科目。例如英文單字、歷史年號、文言文等。

重點是背完立刻睡覺。

從腦部的機能來看，我認為這個方法是準備考試的不二法門。

即使花同樣的時間，唸的是同樣的內容，但大腦記憶的方式卻大不相同。

事實上，我和許多醫學院的同學聊天後，發現很多人都是以這個原則訂立讀書計畫。大家都在學習的過程中摸索著如何提升學習的效率，沒想到最後確立的終極方法，竟然符合腦部的機能，實在耐人尋味。

我認為能夠考上心目中理想志願的人，與其說他們比別人花更多的時間唸書，不如說是因為能夠掌握腦部的運用方法。

「早點睡！」孩子成績進步的關鍵字

看完書再看電視的害處，不單是記憶被攪亂。電視、智慧型手機、電腦等發出的藍光，目前已證實會抑制睡眠荷爾蒙「褪黑激素」的分泌。

希望各位家長能督促孩子，養成睡前兩小時結束看電視或玩電玩的習慣。不要讓孩子把手機帶進房間（以免躲在被子裡看手機）也很重要。這麼一來，就可以確保孩子能夠進入深層熟睡。

良好睡眠可以幫助海馬迴順利發育，連帶提升學習的效率。從腦部發育的觀點而言，也希望各位家長更重視孩子的睡眠時間。

我想，「早點睡」這句話應該才是孩子成績進步的關鍵字。

孩子的早餐最好吃什麼？

改變早餐品項可以提高ＩＱ？

如果說，只要改變早餐品項，就可能改變ＩＱ（智商），我想大家都會嚇一跳吧。

事實上，根據我們的研究，早餐吃飯的孩子，比起早餐吃甜麵包的孩子，ＩＱ——尤其是「語言智力」，意即有關理解力和記憶力的智能指數更優秀。

對腦造成的影響到底是差別在哪裡呢。

我認為差異和「對腦部補充能量」的內容有關。

孩子的腦部呈爆發性成長，需要的能量大約是成人的兩倍（葡萄糖）。而且腦部無法儲存能量，必須不斷從血液中獲得能量。

換句話說，孩子的早餐必須「攝取足夠的份量，在下一餐之前提供腦部維持正常運作所需的能量」。

或許這樣寫不容易讓人了解，其實答案非常簡單。

・絕對不能不吃早餐（＝沒有補充能量）
・吃飯比吃麵包好
・儘量選咖啡色的主食以取代白色的主食

只要遵守這三項原則，能夠提升對腦部補充能量的效率。

接下來我將針對每一項各別說明。

「不吃早餐」是大忌

為了讓孩子的腦部順利成長，我們必須適時替它補充必要的能量。

但是，如果省略重要的能量補充來源，也就是不吃早餐，會發生什麼後果呢。我想不用說大家都知道。

如同前述，根據英國卡地夫大學的調查得知，「有好好攝取早餐的孩子」和「沒吃早餐的孩子」兩者相比，前者在考試中得到平均分以上的人數，是後者的兩倍以上。

從腦部和能量的關係，剛好也呼應了這個結果。

什麼樣的早餐補充腦部能量的效率最好？

不知道大家有沒有留意過「ＧＩ（升糖指數）」的標示？

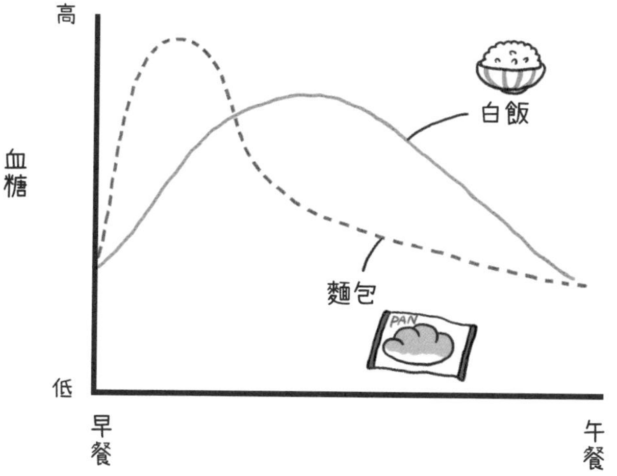

早餐吃什麼會改變血糖上升的方式

所謂的GI是與糖尿病等疾病治療相關而備受注目的數值，表示血糖上升的狀況。

攝取食物後，血液中的葡萄糖含量（血糖值）會上升，必須經過一段時間才會減少。血糖的上升和下降因食物種類而異，量化後的數值以GI代表。

若把葡萄糖（砂糖等）直接放入口中時的血糖上升方式當作100，也就是基準值，再來比較其他食物對血糖的變化，那麼上升愈激烈的代表GI愈高，愈平緩的表示GI愈低。

GI高的食品，也就是接近100的食品，代表吃了以後會讓血糖上升（上升到頂點後迅速下降）。

換言之，葡萄糖會一下子大量進入血液，再一口氣減少。碳水化合物含量高的食品，傾向ＧＩ較高。

另一方面，ＧＩ低的食品，則是能夠讓血糖的上升維持平穩。吃了以後，葡萄糖會緩慢流進血液，再慢慢減少。蛋白質和脂質含量高的食品、蔬菜等屬於ＧＩ低的食品。

孩子的腦部隨時需要能量，但與其讓腦部一口氣補充大量的葡萄糖，最好是長時間穩定的獲得葡萄糖。換言之，ＧＩ低的食品，比較有益腦部的成長。

從ＧＩ的觀點檢視日常生活中常見的食品，麵包尤其屬於ＧＩ高的品項，所以不適合出現在早餐餐桌上。

另外，麵包之所以不適合當作早餐還有另一個理由。因為麵包很難和其他配菜一起吃。

如果吃飯或吐司，可以配味噌湯、熱湯、蛋或魚、肉等，同時攝取蛋白質和脂質。這種組合的GI會比只攝取碳水化合物來得低。

這樣的搭配，自然能達到營養均衡的目的。換句話說，保持飲食的營養均衡，對腦部成長有益無害。

前述卡地夫大學的調查也顯示，和早餐吃麵包的孩子相比，飲食均衡的孩子，課業上的成績表現比較好。

如果時間太趕，白飯簡單打顆雞蛋做成「雞蛋炒飯」也不錯；吐司夾一片起士，就是「起士吐司」了。

家長多留意孩子的早餐，以長遠的眼光看來，我相信孩子的腦部發育一定會產生截然不同的變化。

判斷是否為低ＧＩ食品的最簡單方法

如何正確選擇低ＧＩ食品，重點在於「如果是主食，最好挑選咖啡色的種類」。例如，米飯的話，選糙米會比白米好；如果要吃麵包，最好選全麥麵包或黑麥麵包，而不是白吐司。精製白米和白吐司等「白色食品」，雖然ＧＩ低於麵包，但仍然偏高。相對的，糙米、五穀米、全麥和黑麥等「咖啡色食品」的ＧＩ，只有白色食品約一半到三分之二。所以偶爾讓孩子嘗鮮，試著調整口味也不錯。

話雖如此，大部分的孩子還是偏好「白色食品」吧。如果孩子對咖啡色食品的接受度不高，父母不妨在配菜上多花點心思，不一定要勉強孩子改變主食。

各位可以從「不要省略早餐」「不要只吃麵包當早餐」這兩點開始實踐。

說到日常選擇的主食，我想「飯或麵包」兩者的ＧＩ其實差異不大，因此請各位不必太過緊張。若是行有餘力，能夠以黑糖等粗製糖取代白糖更好。

文武雙全的孩子，有什麼共通點

為什麼孩子運動會變聰明？

「參加大隊接力比賽的〇〇同學，聽說成績也很優秀呢。」

「△△同學因為要練習體操，補習班的課常常缺課，可是成績總是保持頂尖呢。」

我想，類似這樣的對話，對家有小學生的媽媽們而言應該不陌生。

「頭腦簡單，四肢發達」已經是過去式的思維了。實際的情況應該是「會運動的孩子頭腦也很聰明」吧。

為什麼呢？理由在於運動和腦有著密不可分的關係。

兩者的關係之所以密切，和腦部的兩項特質有關。分別是前面已經提過的「可塑性」和「泛化」。

讓腦部具備的「自我成長力」盡情伸展

所謂的可塑性，就是「讓自己改變，得到成長的能力」。換言之，腦部原本已具備自行不斷成長的特徵。

常常運動的孩子，腦部相關的網路也會跟著發達。在此帶動之下，腦部會逐漸調整為更容易成長的狀態。換言之，運動時，腦部也同時得到訓練。

會運動的孩子頭腦也很發達。另一個理由是「泛化」。因為腦部具有這樣的特徵——只要受到刺激，腦部整體的能力便會跟著提升，連沒有關聯的部分也會進步。

泛化會帶動腦部的整體表現，不過提升的方式並不是表現在「計算能力在運動後會加速」，或者「單字背起來更輕鬆」等方面。

但是擅長運動的孩子和完全不運動的孩子相比，即使兩者花了相同的時間學習，前者進步的幅度可能超出後者。

暑假之前一直忙著社團活動的孩子，只靠著短短時間的衝刺便考上第一志願的「事蹟」想必大家都不陌生，這也是歸功於受到泛化的影響。

聽說有些補習班為了讓學生專心考試，要求他們停止運動的習慣，殊不知即使考試再重要，但剝奪小學生運動的機會，對腦部的成長來說實在太可惜。

如果反對的理由是擔心運動時間過長，唯一會造成的問題應該只有讀書時間會相對減少吧。

那麼，只要減少每週運動的日子，或者縮短每次運動的時間就可以解決。

運動不單是促進腦部發達，也有紓解壓力的效果，對精神方面也能發揮正面影響。還有交朋友的機會。所以我覺得沒必要為了準備考試而放棄。

運動與課業相輔相成

說得更深入一點，我自己有這樣的感觸，那就是長大成人之後，「聰明的人，不論做什麼都一下子就上手」。

比方說許多大企業的老闆，本身都是某項運動的高手。另外，能夠燒一手好菜的人，頭腦也很靈活等。

我認為原因在於這些人已經掌握了「竅門」。

不論做什麼，這些人在進行的過程中，一定邊想著該怎麼做才能在短時間上手，或者達到更好的成果，正是這點造就了他們與別人的不同。和特別有耐心或看過一千本書之類的特質都沒有關係，純粹是因為他們已經掌握訣竅。

運動不但可以鍛鍊身體，從運動學到的經驗也可以運用在課業上。另外，在課業上學到的知識也可以發揮在運動上。此外，這樣的優勢也能延續到長大成人；不但擁有聰明的頭腦，人生也變得更加充實。

所以，家有考生的父母不必馬上要求孩子暫停運動，只要稍微花點心思就可以兩全其美。

電玩、手機……如何戒除「不想讓孩子玩的東西」

電玩是「成長的必經之路」？

「我家的孩子太喜歡玩電動了，讓我很擔心。父母不去干涉可以嗎？」

我曾經接到這類有關生活習慣的諮詢問題。

尤其是對有兒子的母親而言，我想電玩應該是她們煩惱的一大根源。對小學的男生來說，電玩的話題等於是他們用來與同儕溝通的管道，所以很難要他們完全不玩。

但是，如果要我回答這個問題，我只能說電玩對腦部的成長，以及好奇心和智力的提升，並不一定呈正相關。

說得更直白一點，我認為電玩很難讓孩子拓展對其他事物的好奇心。電玩會讓人玩了還想再玩，玩了一個遊戲還想再玩下一個遊戲。對我來說，它就是這樣的存在。

老實說，我小時候有段時間也很熱中電視遊樂器。甚至曾一整天都坐在電視機面前。所以，小孩子沉迷於電玩的心情，我能夠感同身受。

在我沉迷於電玩的時候，我爸媽並沒有制止我，要我「別再玩了」。現在回想起來，他們當時沒有採取任何行動。

不過，有一天我突然發現「一直玩電玩也不是辦法」，然後就此不玩了。

我並不覺得因為我是聰明人，才懂得不可繼續沉迷。我只是從某天開始，突然覺得昆蟲比電玩有趣罷了。

我認為不要讓孩子過度沉迷於電玩，想辦法讓孩子的興趣轉移到有助腦部成長的事物，也是身為父母的責任之一。

不過，一味禁止會帶來反效果。

就像聽到別人說「不要看」卻反而愈想看的心理一樣，孩子聽到父母說「不行！」反而會被激起更想做的好奇心。父母愈是禁止，孩子就愈想做。

如何擊退頑強的「電玩成癮症」

當孩子一時熱中於電玩，為了引導回「原本喜歡的事物」，唯一的辦法是讓孩子感受到世界上還有許多比電玩更有趣的事物。

請父母不要太早放棄，抱著「反正帶他出去，他還是在打電動」的消極想法，就任由孩子整天窩在家裡，而是應該多找機會帶著孩子一起運動、到家裡附近的郊外踏青，或者約孩子一起演奏樂器、聽音樂。不要因為孩子的「電玩熱」而覺得心灰意冷，只要是覺得孩子有可能感到興趣的事物，就帶著孩子多加嘗試。希望父母能多讓孩子多接觸外面廣闊的世界。

不論目的地是哪裡，假設孩子還是電玩或手機不離身，而且也懶得和家人互動，仍舊沉浸在遊戲的世界，即使如此也請別立刻放棄。

如果孩子說想繼續玩，就讓孩子再玩一下。但是，父母也不要氣餒，繼續努力讓孩子多接觸到電玩之外的有趣事物。我想這是唯一的解決之道。

和要求孩子不能玩電玩的強制性作法相比，這個方法需要付出很大的耐心。難得全家人一起出遊，看到孩子只顧著玩電動，或者明明考試已迫在眉梢，卻還是照玩不誤，要父母保持冷靜不發火真的不容易。

父母如果對孩子發脾氣，很可能導致親子關係暫時陷入僵局。說不定孩子的成績還更加退步。但這也是無可奈何的事。

孩子若沉迷於電玩，除了造成成績退步，也會出現隨時變得精神不濟，和父母之間也總是處於緊張狀態等負面影響。我建議父母最好狠下心，讓孩子自己嚐到苦果。

如此一來，對孩子來說，如何解決電玩所帶來的負面影響，也變成必須學習的課題。

不僅限於電玩，關於父母希望孩子不要做的事、不該做的行為，我認為多讓孩子接觸其他事物，效果最好。

怎樣說話，讓孩子的表現更加亮眼

稱讚比責罵對腦部更有幫助的理由

本章即將進入結語，最後我要介紹的生活習慣是「父母對孩子的說話態度」。

「讚美」的重要性在許多方面都曾被提及，從腦部的角度來看也是不爭的事實。

事實上，當人得到稱讚時，腦部的某些區域——和聽覺有關的區域（顳葉）、和語言理解有關的領域（頂葉）、與情感有關的領域（額葉）會出現些微變化。

有專家指出一再反覆的習慣性行為，也可能造成腦部的型態出現差異。

我自己常半認真地對兒子說「你好聰明！」

不過，我並不是事先想好要對他這麼說。我會誇獎他聰明的狀況，大多是覺得他讓我意想不到，例如「你什麼時候學會了！」「你小小的腦袋裡居然想得到這一步！」，都是自然脫口說出的話。回想起來，我覺得自己對兒子講的大多是很正面，能夠鼓勵孩子的話。

帶著好奇心成長的孩子，真的會以超乎父母想像的速度迅速成長、茁壯。

如果覺得孩子的表現值得稱讚，請不吝說出口，具體向孩子傳達自己當下的感受「你好棒！」

導致海馬迴萎縮的「壓力」真相

相對的，我希望各位家長必須想想「斥責」和「怒罵」對孩子造成的影響。

因為當承受壓力變成生活中的一部分，會造成海馬迴萎縮，這是目前已知的事實。承受壓力時所分泌的荷爾蒙，會抑制海馬迴的神經新生。

海馬迴負責掌管記憶，對孩子的成長而言非常重要。

只要一開口就是罵孩子的父母，請好好觀察自己的孩子，確認孩子是否因此承受了過多的壓力。

另外，發生體罰、漠視、沒有受到應有照顧、父母過度激烈的爭吵、突然離婚、與家人死別等足以造成對孩子巨大的心靈創傷的狀況，也必須特別注意。

目前已經證實，會留下心理陰影的重大事件，不單是海馬迴，連掌管情緒波動的「扣帶迴」都會跟著萎縮。

當然，如果孩子做錯事，出聲指責是父母的責任。但是，如果事先知道過度的責罵對腦部會造成負面影響，或許父母在氣得口不擇言之前，就能夠踩剎車了。

養成良好日常生活習慣，可以讓孩子變得更聰明

前面已經介紹了幾種讓孩子的頭腦變得更聰明的生活習慣。但是，無論父母再努力，孩子的腦部卻可能無法將之視為「有益」的習慣加以接受。或者即使平常都很注意，卻還是無法完全避免讓孩子接受重大衝擊和承受壓力的可能。

不過，即使在孩子成長的過程中發生了足以造成負面影響的事，家長們也不要認為大勢已去，一切都無法挽回。

就算海馬迴萎縮，只要有充足的睡眠和運動，再累積各式各樣的經驗，孩子的腦部還是可以恢復成長。

我們腦內的道路是決定「頭腦靈活」與「智商」的基礎，隨著好奇心被激發，道路會延伸得更廣。

促進腦部成長的機會，在日常生活中唾手可得。

希望各位先從容易執行的部分做起，幫助孩子培養出更健全、更優秀的腦部。

結語

我原本的研究主題是失智症。

為了找出預防失智症的方法，我在研究的過程中，檢視了十六萬人以上的腦影像。

然而，從對失智症的研究，讓我額外知道一件事。也就是本書的主題──「孩子是否具備好奇心」的重要性。

我在50頁已經提過，失智症是可以預防的疾病。目前，預防效果已受到醫學證實的方法，只有下頁表所列的三大要素。

預防失智症的三大要素

❶運動

可降低罹患失智症風險的最關鍵因素。
每天散步約 30 分鐘（有氧運動）效果最好。

❷溝通、與人保持互動

和他人交流的機會愈多，愈能降低失智症的風險。
尤其是退休之前，一直活躍於職場的人，
在退休之後，更應該和家人密切互動，
不要和社會脫節。

❸興趣與好奇心

擁有廣泛的興趣，而且好奇心愈強的人
愈不容易罹患失智症。

上述的三個要素，無法在上了年紀之後，在短時間之內一一達成。追根究柢看來，還是取決於兒童時期的人格塑造和長年累積而成的生活習慣。

在三個要素當中，尤其要留意的是②「興趣和好奇心」。好奇心具備改變人生的力量。我直到邁入研究的第七年才發現這一點。

我們以不管活到幾歲，卻永遠保持好奇心的人為研究目標，探索引發他們好奇心的根源為何，結果發現答案在於「童年時期」。

人並不是在長大後就會喪失好奇心。不過，即使上了年紀，依舊對工作和興趣嗜好保持積極的熱誠，表現很活躍的人，大多從小就一直保持旺盛的好奇心。

長大才開始學鋼琴，雖然難度變得更高，但只要小時候稍微接觸過，很快就能上手，重拾彈琴的樂趣。

擁有的興趣與嗜好愈多，不但能結交到許多志同道合的朋友，人生也會變得更加多采多姿。

更重要的是還能預防以後罹患失智症和腦部老化，這應該是最大的收穫吧。

父母在孩子小時候幫助培養的好奇心，可以一直守護到老後。透過最新的腦醫學研究，已經證實這是事實。

父母和孩子都會幸福！腦醫學大力推薦的終極育兒法

我在前面提過，要培養孩子的好奇心並不難。話雖如此，父母還是需要付出一定程度的努力。

第一，父母要找出孩子的興趣所在，並且陪伴一起參與。例如利用假日常常帶孩子去公園或博物館消磨時光。

不論是翻看圖鑑、彈奏樂器或做運動，父母都必須先以身作則，示範給孩子看。如果決定讓孩子上才藝課，當然少不了風雨無阻的定時接送。

但是，辛苦畢竟是值得的。我相信父母付出的努力愈多，孩子的腦部發展，也會不斷朝好的方向邁進。孩子的快速成長期，在漫長的人生當中，不過僅限於直到進入青春期之前的短短幾年。換言之，父母想要透過自己的努力使孩子未來發展更寬廣，機會稍縱即逝。

如果各位覺得我說的沒錯，是否願意加把勁來提升孩子的好奇心呢。

另外，雖然變化的速度不像孩子那麼迅速，但是父母在陪伴孩子參與的過程中，自己的腦部也會產生變化。

本書向各位建議的教養方式，改變的不只有孩子的腦。在培養孩子的好奇心的過程中，父母的腦也會跟著成長；除了充實人生，也等於替將來預防失智症的發生建立第一道防線。

另外，若親子能建立共同的興趣，全家同樂的時間也會跟著增加。

不論孩子或大人，如果具備好奇心，就能常保身體健康，並且實現自我的理想。每天的生活也會更加充實快樂。

這是腦影像所教我們的事。

瀧靖之